不焦慮的活法

——金剛經修心課

著名文化學者
費勇——著

高寶書版集團

目錄

不焦慮的活法：《金剛經》修心課

目錄

目錄

自序
讀懂《金剛經》，獲得不被外界干擾的神奇力量

有一位經濟學家從經濟學的角度分析《金剛經》的理念，認為如果按照《金剛經》的理念去生活，實質上是以最低的成本獲得最大的效益，並得出這麼一個有趣的結論：如果沒有經濟學，這個世界照常運作；如果沒有《金剛經》，這個世界也照常運作——但一定是以粗糙的、混沌的方式運作。

確實，對於個人而言，就算你沒有讀到《金剛經》，也一樣活在這個世界上，生老病死，愛恨情仇，成敗得失，或精彩或無聊，日子一天一天地過。如

果你讀懂《金剛經》，你也一樣活在這個世界上，生老病死，愛恨情仇，成敗得失，或精彩或無聊，日子一天天地過；不過，這個「過」裡一定會有不同的旋律。

人生的終極秘密

如果你這樣問：《金剛經》能夠帶來更多的錢財嗎？能夠帶來好的工作嗎？能夠治好絕症嗎？我的回答是：不能。如果你想獲得更多的錢財，你可以去學習金融，去學習商業，或其他營生；如果你想獲得更好的工作，你可以去大學獲得某個專業的文憑，去學習求職的技巧；如果想治好你的病，你可以去醫院找最好的醫生、最好的藥物。你可以運用你的專業知識，運用你的聰明獲得錢財，獲得好的工作；你可以借助最好的醫療條件獲得最好的治療。

但是，在你求取錢財的過程裡，不會一帆風順，你總會面對各種挫折各種障礙，成功之後你又要面對空虛和無聊，然後是新的欲求；你獲得了很好的醫療，還是不能徹底解除病痛，還是要面對死亡。再多的錢財，不能買來愛情；再好的工作，不能保證你一生的平安；再好的醫療，不能治癒你的煩惱、痛苦，當死亡來臨也一樣無能為力。

《金剛經》不會告訴你怎麼找工作、吃什麼，但會告訴你：人生的終極秘密是什麼？這個世界的真相是什麼？萬物變化的規律是什麼？還會告訴你：如何改善自己的情緒？如何回到最純淨的心靈狀態？如何面對突發狀況生死？你為著一個世俗的目標奮鬥，這沒有什麼問題。活在世間，除非出家，總是需要金錢，需要房子，需要工作，需要車子，等等。這些，你都可以努力去爭取。只是你不能讓你的爭取變成一種苦役，不能讓自己在爭取的過程裡成了焦慮的奴隸。活在世間，必得為謀生而勞作，但這個勞作一定不能是苦役，而是一種享受，在勞作中心生歡喜，每個當下都洋溢著生命的喜悅。

不被外界干擾的神奇力量

在勞作中享受到生命的喜悅，這是大部分的書籍不會教給你的，大部分的書籍教你知識，讓你變得聰明，但不會給你智慧，讓你變得喜悅。聰明的人很多，有智慧的人很少。聰明的格局很小，所以叫小聰明；智慧的格局很大，所以叫大智慧。聰明的人往往執著於成功，也往往獲得了所謂的成功，卻總是在成功裡迷失，最終還是在命運的迷霧裡無所適從，焦慮萬分。智慧的人不執著於成功，也不畏懼失敗，在成敗之外隨心而動，撥開命運的迷霧，明白最終的去處。

如果你即將開始閱讀《金剛經》，請試著把你的心空下來，把你各種習慣性的想法放在一邊，以一種敞開的心態去閱讀它。在敞開的閱讀裡，你會慢慢領悟到，《金剛經》沒有任何結論，只是一種啟迪，一種指引，指引你徹底地自我解放，從一切的成見裡解放出來。你會驚奇地發現，《金剛經》確實沒有教你如何理財、如何治病、如何在工作裡有好的發展，但是，如果你誦讀《金剛經》，並且實踐其中的理念，哪怕只是最膚淺層面的理念，甚至你完全不能理解其中的含義，只是被它的文字所吸引，你都能夠獲得一種不被外界干擾的平靜的力量。

當這種力量充滿你的日常生活，你不會害怕失敗，不會害怕生病，不會擔心失業，不會恐懼死亡，不會在成功裡迷失，不會在得到裡無聊。如果你不再焦慮，不再害怕，不再擔心，不再恐懼，如果你任何時候都保持清醒的覺知，任何時候都具有穿透的洞察力，那麼，不論你在做什麼，你都會用心投入，不論什麼結果，你都會滿心歡喜。

沒有得到的時候，想要得到；已經得到的時候，想要守住。得到的欲望、守住的欲望，是人類基本的欲望。想要得到，就會擔心失敗；想要守住，就會害怕失去，這是人類最基本的心理問題：焦慮。怎樣解決焦慮？《金剛經》指明了一條徹底的道路：不執著。只要對一切的物件不再執著，一切外界的物件就不會再對你構成不確定，甚至威脅，你就不會再有不安、擔心、害怕，就不會再有焦慮。當你對一切的一切不執著，外在的一切不會讓你焦慮，而會讓你面對真相，回到自己，讓你充滿創造的活力。你不會再活在焦慮之中，你將活在自由和創造之中。

現在，請開始閱讀本書，聰明的您一定會受益匪淺。

《金剛經》學前課

十八分鐘讀懂《金剛經》的來龍去脈

《金剛經》說了什麼？

《金剛經》的全名叫做《能斷金剛般若波羅蜜經》（vájra-cchedikā-prajñā-pāramitā-sūtra），是佛教中非常非常重要的經典，是佛學的根本大法。

這部經講的是什麼呢？金剛（vájra）有兩種意義：一是能穿透一切的迅猛的閃電，二是最堅固的鑽石。《金剛經》**講的，就是當各種煩惱來了，你能夠**

像迅猛的閃電擊穿煩惱，一下子就把煩惱看透，然後，你的心就像鑽石那樣，任何煩惱不能動搖它；當各種快樂來了，你能夠像迅猛的閃電擊穿快樂，一下子就把快樂看透，然後，你的心就像鑽石那樣，任何快樂不能動搖它。

那麼，如何才能像閃電那樣一下子擊穿各種現象看透存在的真相？如何才能像堅固的鑽石那樣不受任何事物或觀念的干擾？《金剛經》告訴你，靠的是「般若波羅蜜」，「波羅蜜」意即「到彼岸」，「般若」意即「智慧」，合起來，就是：如何到彼岸的智慧。

《金剛經》說的是，透過如何到彼岸的智慧斷除世間的種種虛妄，獲得最終的解脫。所以，《金剛經》是一本講智慧的經書，講「般若波羅蜜」的書。這就是為什麼佛教裡要特別用「般若」（ㄅㄛ ㄖㄜˇ）這樣一個詞，因為佛教所講的智慧，和我們一般理解的不一樣，我們常常說生活的智慧，從佛教的角度看，不過是聰明，不過是用來謀生的那點手段、策略。有許多講如何發財如何升官的書，用了智慧這個詞，其實講的是聰明，並非智慧。

智慧在佛教裡的意思是：明白世間的一切道理，並且對於世間的一切沒有什麼留戀，只是一心尋求著最高的精神境界。佛教所說的智慧，處理的是如何到彼岸這樣的事情，而非世間的事情。當然，如果你把如何到彼岸弄明白了，那麼，應付世間的種種不過雕蟲小技而已。

《金剛經》講般若，所以，在佛經裡屬於般若經，就是講大智慧的經，出自《大般若經》。唐代玄奘編譯的《大般若經》有六百卷，收入了十六種經典，《金剛經》是其中的一種，而且很可能是最早的般若經。

釋迦牟尼當年在四個地方分十六次法會講完了般若。第一次法會到第六次法會，再加上第十五次法會，是在王舍城靈鷲峰上進行的。第七次法會、第八次法會、第九次法會、第十一次到第十四次法會，在舍衛國祇樹給（ㄐㄧˇ）孤獨園，第九次法會講的就是《金剛經》。第十次法會進行的地方不在塵世，在他化自在天天宮。第十六次法會在王舍城竹林精舍。

印度王子悉達多，怎樣變成釋迦牟尼佛？

釋迦牟尼本來是一個王子，大約西元前五六五年左右，出生在古代印度的迦毗羅衛城，他本名悉達多，姓喬達摩。

釋迦牟尼是人們對他的尊稱，意思是釋迦族的賢人。釋迦牟尼從小住在豪華的宮殿，過著奢華的生活，快二十歲時，擁有美麗的王妃，還有一個可愛的兒子。如果按部就班，等到他父親去世，他就會繼承王位，成為一個國王。

但是，釋迦牟尼有特別敏感的心，世間的現象引起他的思考，特別是死亡和生病，讓他強烈地感覺到活在這個世間，有無法迴避的缺陷和痛苦。他想弄明白是怎麼回事，想弄明白死亡的秘密、煩惱的秘密、愛的秘密，等等。於是，二十九歲那年，他拋棄了王位、家庭，離開王宮，走上尋求真理的道路。他向一些老師學習，但很快就失望；又修習苦行，還是失望，還是不能獲得真理。

就這樣，到處尋找了六年多。有一天，釋迦牟尼拖著疲憊的身體，走到尼連禪河邊，坐在一棵畢缽羅樹下沉思默想，一動不動，進入深度的禪定。到了第七天，天空閃過流星的剎那，他突然覺悟證道，從此成為佛陀，簡稱佛，意為覺悟者。那棵畢缽羅樹從此被稱為菩提樹，**菩提意即智慧**。那一年，這位出家的王子三十五歲。

釋迦牟尼的成道，並非中國人理解的成仙，而是明白了存在的真相，明白了這個世間的道理，因為明白所以解脫。釋迦牟尼在菩提樹下的禪定裡，明白了四諦的道理。**諦的意思是真理，所謂四諦，就是四種真理。第一是苦諦，關於苦的真理。世間一切的行為引起的都是痛苦，這是個真理。第二是集諦，關**

於為何苦的真理。為何苦？因為愚昧的欲望。第三是滅諦，滅除痛苦的唯一方法是涅槃。這是個真理。涅槃的意思並不是我們一般理解的死亡，而是「寂靜」。為什麼會寂靜呢？因為沒有了煩惱，沒有了貪欲，沒有了怨恨，沒有了愚癡，所以，在死亡之後再也不會輪迴到人世間再次受苦。第四是道諦，就是通向涅槃的道路。只有透過正確的觀念和正確的行為，才能抵達涅槃。這是個真理。

釋迦牟尼成佛後，立即就去了適合講法的鹿野苑，找到當時陪他一起出家的五位侍從，向他們講了「四諦」，從三個不同的角度講了三次，所以叫「三轉法輪」。從此，佛陀開始了長達四十五年的弘法生涯。在弘法的過程裡，佛陀逐漸深化了自己的理論體系，提出了很多佛學的概念和修行的方法，但是，四諦是基礎，是前提。不瞭解這個基礎和前提，很難理解佛學的理論。

佛陀在世的時候，都是口頭講述，並沒有留下文字。他的學說，不是靠書籍傳播，而是靠口口相傳。

佛陀去世之前，弟子阿難問了他幾個問題，其中有一個是：「您在世的時候，大家都能親自聆聽您的教誨，但您離開塵世之後，如果我們向別人傳授佛法，怎麼能夠讓他們相信是您所說的？」釋迦牟尼回答：「只要在講述之前加上一句『如是我聞』，就可以讓眾生相信這是我親自所說。」

所以，現在我們讀到的佛經，只要是以「如是我聞」開頭的，就意味著這部佛經是釋迦牟尼講述的。

唐僧和鳩摩羅什翻譯《金剛經》的故事

釋迦牟尼在世的時候，並沒有佛經。佛經的出現，是在釋迦牟尼離世之後，他的弟子根據記憶，記錄下釋迦牟尼的言論，慢慢形成一卷一卷的佛經。

釋迦牟尼言論的第一次結集是在釋迦牟尼去世後第一年的雨季，釋迦牟尼的大弟子大迦葉召集了五百比丘參加。

所謂比丘，最初的意思是靠一邊乞食一邊修行的男性出家人，後來標準的定義是接受佛教戒律的約束年滿二十歲的男性出家人，俗稱「和尚」。比丘尼就是女性出家人，俗稱「尼姑」。當時，五百比丘聚集在王舍城的七葉窟，由記憶力最好的阿難根據回憶把釋迦牟尼的言論記錄成冊，成為佛經。第二次結集是在釋迦牟尼去世後一百多年，由七百比丘參加。阿育王時代又在華氏城第三次結集，有一千比丘參加。早期的佛經，基本上來自這三次結集。

為什麼把釋迦牟尼的學說稱作「經」？「經」在梵文裡是「sutra」，意思是用繩貫穿起來，**所謂佛經，就是把釋迦牟尼的言論集中起來，用一條脈絡貫穿，可以永遠流傳下去**。

中文的「經」，指的是織物的縱線，有綿延的意思，引申為「常道」，就是一般的規律性的不變的道理。所以，佛經所講，或者說，釋迦牟尼所講，都是一些「常道」，不會變化也不會被破壞的真理。

早期佛經，大抵使用巴利文（佛陀時代摩揭陀國一帶的大眾語）。佛經翻譯成漢語，最早大概是漢朝翻譯的《四十二章經》。魏晉南北朝到唐朝，佛經的漢語翻譯達到巔峰，目前我們所讀到的大多數漢語佛經，都是那個時期翻譯的。

那時候，一方面，是中國的僧人往印度尋求佛法，每次西行回來總是帶回很多佛經，然後翻譯成漢語，比如唐朝的玄奘和尚；另一方面是印度或西域的僧人來到中國傳播佛法，帶來不少佛經並譯成漢語，比如魏晉南北朝時期的鳩摩羅什。

鳩摩羅什和玄奘在中國佛經的翻譯上有重大貢獻。鳩摩羅什出生於龜茲（ㄑㄧㄡ ㄘˊ）國，其母是龜茲國王的妹妹。七歲那年和母親一起出家。後來迫於壓力，娶了龜茲國的公主。戰亂中來到中原，翻譯了大量的佛經，他的門徒中有很多位在中國佛教史上有重要影響。

《金剛經》最早的漢語譯本就是鳩摩羅什的翻譯，後來有菩提流支、真諦、達摩笈多、玄奘、義淨的譯本，但無疑，鳩摩羅什的譯本最為流行，本書解讀《金剛經》，也是以鳩摩羅什的譯本作為範本。

怎樣降伏自己的雜念？

相比其他佛經，《金剛經》顯得篇幅較短，文字簡單而平實。一般佛經往往有華美的想像、神奇的隱喻、層層的排比，而《金剛經》卻不過是一部很平實的問答錄。發生的時間和地點都很平常，大約某一天，釋迦牟尼和弟子先去外面挨家挨戶乞食，然後，就回到祇樹給孤獨園靜靜地坐著。這時，大弟子之一須菩提突然站起來向釋迦牟尼提了一個問題，然後，釋迦牟尼就循序漸進地回答了他的問題。回答的過程中，又不斷有相互的提問。釋迦牟尼回答完須菩提的問題後，有趣的是，須菩提又重複問了一次同樣的問題，然後，釋迦牟尼又作了一次解答。

所以，《金剛經》具有很強的戲劇性，整部經書描寫的場景，很像一齣舞台劇。共有前後兩部分，結構非常簡單。前面部分是釋迦牟尼回答須菩提的提問，後面部分是釋迦牟尼再次回答須菩提的提問。

須菩提到底問了一個什麼問題呢？須菩提問的是：「世尊，善男子、善女人，發阿耨多羅三藐三菩提心，云何應住（清朝以前均為「應云何住」）？云何降伏其心？」大意是：請問世尊（對釋迦牟尼的尊稱），如果有向善的男子和向善的女子，發願要成就無上正等正覺的徹底解脫之心，他們如何才能保持這個發心常住不退？他們應當怎樣去降伏心中的妄念？

釋迦牟尼的回答有兩個重要的點：第一點是你要發心救度所有的眾生，但同時你的心中並沒有眾生的概念；第二點是你在佈施的時候並沒有佈施的概念，並沒有覺得你和受施者有什麼不一樣。

這兩個重要的點隱含著釋迦牟尼一個重要的思想，那就是，你想要得到最徹底的解脫，你想要降伏自己的妄念，那麼，你就必須升起救度眾生的心，也就是說，生命最完滿的圓成，不是為了自己的私利而奮鬥，而是為了其他生命的苦難而努力。同時，你還必須有不起分別的心，只有不糾纏於自我與他人的分別，不糾纏於人與其他生命的分別，不糾纏於生命存在時間的分別，不被那些形色所迷惑、所束縛；那麼，你才能得到解脫的喜悅，才能降伏自己的妄心。

當釋迦牟尼回答完，須菩提又問了一遍同樣的問題，奇怪的是釋迦牟尼並沒有說他重複，而是很認真地又回答了一次。釋迦牟尼這次的回答重複了救度眾生並且不起分別心這個意思：「善男子善女人發願成就最高的解脫，應當這樣起念：我立志救度所有的眾生，使他們離苦得樂。一旦度化一切眾生，心中又毫無使一切眾生得以救度的念頭。為什麼呢？須菩提，假如菩薩執著於自我意識，執著於人的意識，執著於眾生的意識，執著於生命時間的意識，那麼，就不是菩薩。」重複這個意思後，又增加了這麼一句：「須菩提，其實並沒有什麼方法，可以讓你獲得徹底的解脫。須菩提，我問你，當年我在燃燈佛那裡，難道是得到了一個最高的成佛的方法嗎？」須菩提馬上回答：「世尊，您在燃燈佛那裡，並沒有得到所謂的最高的成佛的方法。」

顯然，須菩提的重複提問並非無聊，而是有其用意，是為了讓釋迦牟尼從另一個角度來回答這個問題。如果說，第一次回答的答案是對於各種形色不要起分別心，那麼，第二次的回答是其實並沒有一定方法，沒有一定的答案。如果說，第一次的回答裡，釋迦牟尼的意思是你想獲得徹底的解脫，就必須從各種「相」裡解放出來，那麼，第二次的回答裡，釋迦牟尼的意思是你想獲得徹底的解脫，就必須從各種「法」裡解放出來。

所以，閱讀的層面，《金剛經》實在非常簡單，從頭至尾，不過是釋迦牟尼和須菩提的答問，而主線不過是釋迦牟尼兩次回答須菩提的同一個問題：如何可以達到最終的解脫？釋迦牟尼第一次的回答強調，你想要最終的解脫，就一定要斷除「妄相」。釋迦牟尼第二次的回答強調，你要想最終的解脫，就一定要斷除「妄念」。合起來，完整的答案就是，只有斷除了「妄相」和「妄念」，才能達到最終解脫。

只要讀懂《金剛經》，就是在修心

《金剛經》影響巨大，從出現在世間，一直到此時此刻，不斷地啟發著無數的心靈走向覺悟的道路，走向自在的道路。

六祖惠能，本來不過是一個砍柴的樵夫，有一天往客人家裡送木柴，偶然聽到有人在讀《金剛經》，正好聽到「應無所住而生其心」。那一刻，這句話神奇地擊中了這個目不識丁的樵夫的心，一下子讓他領悟到了另一種生活的可能。然後，他就辭別了母親，往北而行，去尋找一種靈性的生活。很多年後，這位樵夫成為一位覺者，在南華寺弘法，留下了一部《壇經》——唯一一部出自中國人的佛經，開啟了禪宗生機勃勃的源流。

如果不去誦讀《金剛經》，不去領會並踐行《金剛經》所指示的道路，那麼，就不可能成為一個真正的佛教徒。學佛，修行佛法，《金剛經》是必需的功課。但對於普通人，對於那些不一定想要成佛的人，《金剛經》有什麼意義呢？嘗試著不去思考「空」啊、「出世間」啊這些深奧的佛學概念，只是把《金剛經》作為普通的讀物，用普通人的心態去閱讀，甚至只是隨意翻閱一下，嘗試一下，你一定會得到意想不到的啟迪，你一定會發現，**這部名為佛教根本大法的《金剛經》，其實講的道理並不空靈邈遠，而是句句契合日常生活裡的瑣碎人生。**

《金剛經》全篇，是對於須菩提同一個問題的追問。須菩提的問題不是一個一般的問題，不是諸如「今天天氣怎麼樣」、「怎麼應付今天的面試」這樣的具體問題，而是一個終極性的問題，一個關於解脫的終極性問題。這種提問的方式給你一個啟示，那就是活在這個世界上，不要被每天瑣細的日常問題淹沒，每天不假思索地按照社會為你設定的道路前行，而是應該經常抽身而出，停下來，哪怕只是片刻，問問自己：這是我想要的生活嗎？這個問題蘊涵著生命最基本的問題：我來到這個世上，不是僅僅活著，而是創造，我想要創造什麼呢？我能夠創造什麼呢？或者通俗地說：我想要做什麼呢？我能夠做什麼呢？只有把這個問題想清楚了，無論你做什麼，無論結果如何，你都活出了你自己的韻味，當有一天離開這個世界的時候，不會有任何遺憾，因為你已經做了你想做的，做了你能夠做的。

假如有什麼成功的法則，那麼，這就是最基本的成功法則：追問自己到底想要什麼？然後，你就有什麼樣的人生。大部分人之所以充滿焦慮，那是因為他們從不徹底地追問，至死不知道自己想要什麼，至死沒有去做自己想做的。

叔本華說得好：我們可以做我們想做的，但我們不一定能要我們想要的。所以，自由的人生，並不是你想要什麼就能得到什麼，而是你想做什麼就真的去做了。活著，如果有什麼意義，那是你實實在在做了一些什麼，做了一些你自己想做的東西。如此而已。

《金剛經》全篇，是對於一個問題的回答，但並非結論式的回答，而是提問式的回答，回答的過程中，不斷提出問題，在提出問題中讓你思考。也許你對於《金剛經》裡的佛理沒有太大的興趣，但是，《金剛經》在講述佛理的過程中，展現了一種質疑式的思維方式。這是一種有益的啟示。試著帶著問題去生活，帶著反思去生活，帶著質疑去生活，你就會漸漸走向智慧的道路。

質疑會開啟你的洞察力。不論看到什麼，都不輕易下結論；不論什麼方法，都不輕易去迷信。而是如《金剛經》裡所說：「凡所有相皆是虛妄。若見諸相非相，即見如來。」這句話在佛學裡非常有名，但你可以不去考究佛教上的義理，而只是從字面上去理解，也會很有意思。你見到的所有的現象都是虛妄的，如果你能夠見到所有的現象都不是真實的，那麼，你就見到事物本來的樣子了。初讀的時候，你一定會覺得這句話不符合你從小接受的常理，你從小得到的教育是：眼見為實，相信眼睛看到的。但是，釋迦牟尼說，你看到的都不是真實的。

你也許一下子不能明白這句話的含義，但這種說法給你一個衝擊、一個震動，啟示你不論你看到什麼，不要盲目地跟隨著這個東西，要運用你的洞察力去觀察；也啟示你不論看到什麼，不要只看到這個東西，要看到一個整體。

確實，讀《金剛經》，並不會為你帶來更多的錢財，也不能幫你找個好的工作，也不能治好你的絕症。但是，**讀《金剛經》，即使隨意讀讀，也一定能夠改變你的思維方式，一定會把你從習慣性的思維方式裡解放出來，你將會變得更加開闊，更加充滿創造的氣息，你的心態會變得柔和**。當這種改變發生的時候，一定會對你的生活發生作用，在這個意義上，又可以說，讀《金剛經》，一定會讓你的生意更成功，一定會讓你的工作更順利，一定會讓你的身體更健康。尤其重要的是，讀《金剛經》，會讓你在遇到失敗的時候不消沉，因為你看到的失敗不過是一個假象、一個遊戲，你不會被一個遊戲擊倒；會讓你在遇到成功的時候不迷亂，因為成功不過是一個假象、一個遊戲，你不會被一個遊戲迷惑。

這種力量能夠從根本上改變你的生命。藏傳佛教裡，有一個故事，說雅瓦地方寺廟內有位小沙彌，遇到一位精通相術的算命師。算命師看了一下小沙彌，說：「你很聰明，不過你只能活到十八歲。」小沙彌把這件事情告訴了上師，上師讓他每天在寂靜處誦讀《金剛經》。小沙彌聽了，就安下心來，每天誦讀《金剛經》。這樣到了十八歲，結果還好好地活著，一直到九十五歲才去世。他好像什麼也沒有做，但改變確實發生了。事實上，他在誦讀《金剛經》的過程裡，把生死置之度外了，什麼時候去世並不重要，重要的是他可以平靜地活著，平靜地死去。

明代的文人裡，有「三袁」：袁宏道、袁宗道、袁中道。他們都受到佛學的影響，而他們的母親龔太夫人是虔誠的佛教徒，特別信奉《金剛經》，幾十年來堅持每天誦讀《金剛經》，從不間斷。

有一天，她正在讀《金剛經》，忽然看到樑柱上垂下一條黃絲，一隻巨大的蜘蛛沿著黃絲而下，繞著經卷走了數圈，蹲伏在經卷旁。龔夫人見了，並不覺得驚奇，而是輕輕說：「是來聽經的吧。」繼續敲著木魚誦經，當她讀到「一切有為法，應作如是觀」時，蜘蛛緩緩搖動，像是在禮拜。

等到誦讀完畢，龔太夫人發現蜘蛛一動不動，細細一看，只剩一副空空的殼子。她叫來家人一起觀看，都讚嘆《金剛經》的不可思議。

於是，將蜘蛛的遺蛻，裝在一個小龕之中，以僧禮安葬，並立了一座小塔，稱為蜘蛛塔。蜘蛛是否聽了《金剛經》而蛻化，並不重要，重要的是龔太夫人在誦讀《金剛經》的過程裡，漸漸破除了一些界限，存在的一切都變得可以溝通。

講述上面的故事，並不是想說《金剛經》有多神奇。不是的，如果你把《金剛經》看成是神靈般的符咒，想透過它祈求世間的財富或別的什麼，那麼，你註定會失望。事實上，如果你安心誦讀《金剛經》，透過《金剛經》的指引，進入的是另一個更廣闊的世界，獲得的是比財富更堅實更永久的東西。《金剛經》所指引的，不是世間的世界，不是語言的世界，而是世間之外的世界，語言之外的世界，是愛因斯坦講的奧秘，是看不見的經驗之外的奧秘。但《金剛經》並非符咒，也不是神話，而是很平實的真相的揭示。

讀《金剛經》，不是做學問，而是實實在在的修行，把自己的心修成迅猛的閃電、堅固的鑽石，無論什麼形色或觀念導致的煩惱或誘惑，都能洞察清晰，都能穿透現象進入本質；無論什麼形色或觀念，都不能影響到自己，安住於自己本來的樣子裡，領略到生命最初的喜樂，用心把世間的路走好。

不焦慮的活法：《金剛經》修心課

第1課　修心，從專心吃飯開始

《金剛經》第一段所描寫的場景，其實是佛陀以他自己的形姿，告訴我們：即使像他這樣成佛的人，也無法迴避日常生活，日子還得一天一天地過，一秒一秒地過。

所以，我們必須學會如何安於此時此地，學會在此時此地保持本然的心，時刻活在自己的家裡，這個家並非一個房子，也並非某一個地方，而是：隨時隨地，都擁有一種智慧，一種洞察力，一種時刻對於存在保持警覺的清醒心態。

此時此刻，你在想什麼？

《金剛經》開頭第一句話：一時佛在舍衛國祇樹給孤獨園。平常得不能再平常。在其他佛經裡，佛總以神奇的形象出現，只有在《金剛經》裡，佛示現了平常相。佛就像我們平常人一樣，處於「此時此地」。人不能離開某地，而且，在同一時，只能在某一地，不可能同時在二地或二地以上。因此，無論皇帝還是平民，無論富翁還是窮人，必得處於「此時此地」。

此刻，我在房間裡，在寫字；此刻，我在火車上，在看著窗外的風景；此刻，我在辦公室裡……人的一生其實是由無數這樣的片刻組成，每一個片刻，總是在某地，總是在想著什麼，或者在做著什麼，總是呈現出某種表情。很多人的焦慮，在於處在「此時此地」卻又不安於此時此地。如何安於此時此地？第一，此時此地，做當下想做的事情，不去等待什麼，只是做當下想做的事情。第二，此時此地，總能感知到此時此地的美，此時此地的氣氛。桌子上的紋路，火車外一閃而過的房子，辦公室裡的電腦打字的聲音，都能觸動你的心境。

你看佛陀在此時此刻，在給孤獨園，和他一起的，是一千兩百五十個弟子。一千兩百五十個人，很多，如果在中國的某地，某個大廳，一定很喧嘩。但是，《金剛經》開頭的描述，非常平實，很安靜，我們聽不到一點嘈雜。我們只感到佛陀安靜地坐在那裡，洋溢著安詳的氛圍，好像什麼也沒有在做、在想，只是在此時此地。

佛陀和他的弟子怎麼會住進給孤獨園？據說，佛陀和弟子們剛到王舍城的時候，沒有正規的住所，隨緣地，住在林間，乃至路邊。一位富商看到他們，不知為什麼，就被他們的神態所吸引，覺得這群人值得信任。因此，為他們建造了六十處住所。又約請他們一起吃飯。富商的姊夫「給孤獨長者」

聽說這件事後，一大早去拜訪佛陀。佛陀一見到他，就喊了他的名字：須達（Sudatta）。

給孤獨長者便問佛陀睡得可好，佛陀回答：內心已經安定，永遠睡得香。然後，佛陀為他說法，讓他明白了世間一切有生必有滅的道理。

給孤獨長者聽完後就皈依了佛陀，並表示要為佛陀和他的弟子建造一座雨季居住的住所。他在舍衛城發現祇陀（Jata）太子的園林是一處理想的地方，於是，請求祇陀太子能夠轉讓。

太子開價「鋪滿這座園林」的金幣，給孤獨長者用了十萬金幣，鋪滿了祇園，還差門口一小塊地方。祇陀太子說：這塊就算我的佈施。於是，給孤獨長者就在園林裡建造了一座精舍。他問佛陀：世尊，我應該怎樣使用這座祇園？佛陀回答：你可以供給過去、未來和現在的四方比丘使用。

釋迦牟尼成佛後在各地弘法，大部分時間，都在兩個地方，一是王舍城

（摩揭陀國的都城）的竹林精舍，二是舍衛城（橋薩羅國的都城）的祇園，也就是《金剛經》裡所說的祇樹給孤獨園。須菩提們聽佛陀講《金剛經》，就在祇園內。唐代玄奘去印度，還去過祇園的遺址。

修心，從專心吃飯開始

《金剛經》第一段的第二句話：到了吃飯時間，佛陀就穿上袈裟，拿起飯缽，走進舍衛城去乞食。雖然成了佛，仍要吃飯，仍然要面對一個平常人每天遇到的問題。

如果沒有飯吃，人就會餓死。所以，俗語說：人活著就是混一口飯吃。原始時代，人類在林間狩獵，在水中捕捉，獲取食物。文明時代，人類必須工作，才能獲得食物。佛陀怎麼辦呢？他不會像我們一樣天天上班，賺取薪水；也不會像原始人那樣，靠體力在大自然間尋取糧食。

他什麼也不做，什麼也不想，就坐在那裡。餓了，就帶著弟子們挨家挨戶地去「乞食」。

「乞食」字面上的意思即「討飯」，但是，佛陀的「乞食」與中國人平常所說的「討飯」完全不同。第一，它不是為生活所迫，用尊嚴來換取糧食；第二，它不是專向富人乞討，而是挨家挨戶地乞討，不管貧富，都要乞討。

這是佛陀創造出來的生活方式。可以解決肚子的問題，又可以使自己不陷於謀生的網羅裡，是利己。還有一利：利他。佛教把佈施看成是通向解脫的重要途徑之一，六度中的第一度就是佈施（佈施、持戒、忍辱、精進、禪定、般若）。因此，向別人乞食，是給予了別人佈施的機會，有利益他人的作用。

也許，把「乞食」翻譯成「化緣」，更接近佛陀的原義。佛陀以這樣一種方式，回到了自然而然的狀態，把自己從俗世的謀生裡解脫了出來。人是不必為著一日三餐操心的，也是不必為著衣服房子操心的。《聖經》的福音書上說：「不要為生命憂慮吃什麼、喝什麼，為身體憂慮穿什麼……你們看那天上的飛鳥，也不種，也不收，也不積蓄在倉裡，何必為衣裳憂慮呢……你想野地裡的百合花，怎麼長起來，他也不勞苦，也不紡線。」

古代日本作家鴨長明過著隱居的生活，在他的隨筆集《方丈記》裡也曾提到，他「為他人奔馳於俗世而哀憐」，以為人其實不必如此，應當去學學「魚和鳥的瀟灑」。

「乞食」把生存的手段簡化到了最簡的層面，也把自己的地位降低到了最低的層面。在最簡和最低的層面，物質以及欲望構築的羈絆消失了，心靈的生活才會最廣大最深刻地展開。

佛陀就如此地坐在那裡，不擔心家裡的東西是否會失竊，不擔心身上的財物是否會被搶走，不擔心工作的機會是否會失去，不擔心明天的生計……他已經空無一物，餓了，就起身，穿好衣服，帶著弟子，隨緣地，挨家挨戶地去乞求食物，給了，就接受，不給，就離開，始終安詳、平和。

任何地方都是你的修心道場

佛陀餓了，就出去乞食，乞討完後，馬上就「還至本處」，字面上的意思是回到自己住的地方。曾著有《金剛經講義》的江味農先生特意強調「此『還至本處』，急應著眼」。他認為《金剛經》開頭這一段寫佛陀餓了去乞食，乞食完就回到住處，表面看似平常，實質深具寓意，為俗世勞碌的人指出了一種方便法門。既然生而為人，誰都得為衣食奔走。一味地忙於謀生而忘了生命的本原固然可悲，但一心想著擺脫塵勞卻又無法擺脫，而生出種種煩惱，同樣可悲。如果能夠善於利用各種環境，那麼，什麼地方都可以成為道場。

江先生進而從此段的意思引申出一種極其簡單的修行方法：每天早晨外出工作，完成必需的勞作。所有應酬，以及不相干的事情，一律省略，一下班就應該回到自己的家裡，料理家務，然後即當靜坐，攝念觀心。在江先生看來，「還至本處，敷座而坐」八字，正是吾輩奔走塵勞中眾生的頂門針、座右銘。

江先生的解釋確實讀出了經文背後的意義。表面上看，我們每天的日常好像與佛陀一樣，都在為「稻糧」謀，然而，往深裡看，完全不一樣。

就像中國禪宗常說的，沒有修行的時候，看山是山，看水是水；開始修行的時候，看山不是山，看水不是水；完全覺悟的時候，看山又是山，看水又是水。山水好像又回復到原來的山水，卻已經完全是不同層面的境界了。佛陀覺悟後，每天的日常，好像一個平常人一樣，而實際上，他和平常人完全不一樣，他時時在自己的「本處」，做到了純為活著而活著。

我們很多人陷於謀生的軌道，淪為謀生的奴隸。本來，工作只是手段，得到足夠的住處、糧食、衣服就可以了，但是，我們把工作當作了目的，一輩子努力，就是為了獲得或守住一個好的位子，為了獲得或守住不斷提高的薪酬。諸如此類。

常常，在街邊、寫字樓、辦公室機關，看著那些模糊的五官和忙亂的身影，覺得大家都是奴隸，被我們自己所創造的體制囚縛著，為著那些虛妄的生活目標，我們忘掉了生命本身的情趣和活力，變成了一具動物，一隻卡夫卡《變形記》裡的甲殼蟲。一到所謂的假期，大家到各個風景區去旅遊，那情形，就像囚犯出來放風。假期一過，又要回到各自的崗位，像坐牢似的工作著。

如何讓心安住於「此時此地」

我們絕大多數人做不到佛陀那樣對於世間功利的決然放棄，不可能像他那樣地去「乞食」，也不可能去廟裡修行。但是，《金剛經》開頭所呈現的短短一段佛陀的日常生活相，仍給我們深邃的觸動。佛陀在日常裡的每一個姿勢和行動，洋溢著從容和平靜，可以體會到佛陀在每個日常的片刻裡都享受著生命的喜樂。

而我們許多人之所以煩惱，往往在於我們不喜歡日常，不喜歡日常裡的此時此地。在我們的言說裡，日常總是與「柴米油鹽」、「繁瑣」等詞語連在一起，一個作家甚至說：「不怕刀山火海，只怕年復一年的日常生活。」

因此，我們的心總是期待著比當下更遠的將來，期待著比日常更戲劇化的精彩時刻，為了這樣的精彩時刻，我們希望日常的時間快快流逝。我們等待著考試後的中榜，等待著情人節的約會，等待著週六的旅行，等待著出國簽證……我們好像必須讓自己有所等待，否則，難以度日。有人不斷地購買彩票，為的是有一個等待。在等待中耗費生命。因為在等待，所以，當下的片刻就變得難以忍受。

然後，所期待的時刻真的來臨，興奮了一會兒或幾天甚至幾個月，然後，又開始無聊，又要去製造新的等待，這樣周而復始。我們總是在焦慮、煩躁、不安中期待著一些事情的發生，而對於當下正在發生的片刻，心生厭倦。我們的心不能安於日常，不能安於此時此地，總是漂浮不定，漂浮在一個又一個的妄念裡面。我們的身體定於某處，心卻不能安定。佛陀的身體到處走動，心卻是安定的，安定於每一個此時此地裡。

所以，《金剛經》第一段所描寫的場景，其實是佛陀以他自己的形姿，告訴我們：即使像他這樣成佛的人，也無法迴避日常生活，日子還得一天一天地過，一秒一秒地過。

所以，我們必須學會如何安於此時此地，學會在此時此地保持本然的心，時刻活在自己的家裡，這個家並非一幢房子，也並非某一個地方，而是：隨時隨地，都擁有一種智慧，一種洞察力，一種時刻對於存在保持警覺的清醒心態。

陶淵明式的醒悟

那麼，佛陀是否讓人安於平淡呢？安住於當下，安住於此時此地，是否就是安於平淡呢？這是一個複雜的問題，也許讀完《金剛經》之後，再來探討，就會比較清晰。

不過，我想指出的是：佛陀在《金剛經》開頭顯示的平常相，是他經過了漫長的追尋而達成的。如果有所謂的絢麗與平淡的區分，那麼，可以說佛陀是經歷了絢麗之後，才歸於平淡。惟其經歷過，所以，那種平淡其實並不是平淡。

很多年前看過一部英國小說，忘了名字，其中的情節卻印象至深。講的是一位年輕人，從小渴望著成功與絢麗，渴望著不平凡的一生。於是，他離開家鄉，到了倫敦，又到了巴黎，還到了美國。曾經得到過愛，也得到過金錢，縱情過聲色，也體驗過瀕臨絕境，信仰過上帝，也參與過政治……有一天，他感到了深深的厭倦，又回到了自己的家鄉，蘇格蘭美麗寧靜的莊園。那兒一切都沒有改變，山仍然青翠，水依然澄澈，牛羊在山坡上悠閒自在，鄰居家的老大爺多了幾許白髮，但依然準時地在午後坐在門前的大樹下打盹，那個童年的女伴已是婷婷玉立，在圍欄裡熟練地擠著牛奶。這一切，令那位回鄉者感動。在外面的世界闖蕩那麼多年，什麼都在改變，而唯獨故鄉的風情依舊。在那一刻，他有一種強烈的依戀，要想永遠停留在這裡。同時，他開始困惑，這麼多年在外面上下求索，到底為的是什麼？到底有沒有意義？

情形似乎有點像陶淵明，在俗世裡混了三十年，終於歸於田園，面對那一片靜逸祥和，明白到俗世的一切不過是囚籠，只有那自然的狀態，才符合生命的節律。「少無適俗韻，性本愛丘山。誤落塵網中，一去三十年。羈鳥戀舊林，池魚思故淵。開荒南野際，守拙歸園田。方宅十餘畝，草屋八九間。榆柳蔭後簷，桃李羅堂前。曖曖遠人村，依依墟里煙。狗吠深巷中，雞鳴桑樹巔。戶庭無塵雜，虛室有餘閒。久在樊籠裡，復得返自然。」

這是過來人的感嘆，也是過來人的那份平靜。既然一切的努力，其實最後都歸於空無，那麼，是否在一開始就該放棄所有的企求與努力呢？就如林黛玉所言，既然終歸要「散」，那麼，乾脆不如不「聚」。或者，如某些隱者，放棄了所有的人間生活，在深山裡每天打坐練功。然而，當人活著的時候，完全專注於保全性命，而喪失了生命的質感，那麼，活一百歲與不活，又有何區別？拜倫甚至認為，與其平平庸庸地活到一百歲，不如轟轟烈烈只活十八歲。這是詩人的激越之言。不過，從另一方面看，如果沒有在俗世滾爬的體驗，陶淵明大概不會對田園有那麼深厚的融入。

如果佛陀沒有經歷過極度的榮華富貴，也許不會有如此徹底的覺悟。當另一本經書上說：聚集之後是消散，據高之後是處下，相遇之後是離別，生命之後是死亡；並不是要人們泯滅生命的意欲與活力，並不是要人們完全地被動與退隱。它的真正含義也許是要提醒我們：在「臺上」的時候，想到「下臺」的日子；花朵正當鮮豔的時候，意味著即將凋謝；掌聲響起的時候，應當想到門前冷落的滋味；冬天來了，春天還會遠嗎？另一種同樣成立的問法是：春天來了，冬天還會遠嗎？……可以恣意地去表現，去盛開，去尋尋覓覓，但你永遠不要想著你正獲得的能夠長久，能夠永不改變。這企圖長久地擁有的心，正是我們的枷鎖，我們痛苦的根源。

在聚與散、生與死、得與失的大悲大歡之後，我們發現生命其實像四季一樣輪轉，沒有什麼值得悲，也沒有什麼值得歡。那長久不變的其實就是此時此地的當下，而我們似乎總是要歷經一番紅塵的掙扎，才能回過頭去覺知到，並凝神於那原本一直就在那裡的此時此地，一直就在那裡的當下。

佛陀的真正意思也許並不是鼓勵我們去追求平淡，當然也不會鼓勵我們去追求絢麗；而是啟發我們全身心地放下，進入此時此地的當下。每一個當下，既不是絢麗的，也不是平淡的；既是絢麗的，也是平淡的；既是開始，也是結局……也就是說，我們在每個當下裡，我們都能體驗到生命的一切可能性，一切的色彩，以及最終的空無。不過如此而已。

第 2 課　心情煩躁時，馬上深呼吸

《金剛經》開頭，顯現了一種日常的生活場景，佛陀和他的弟子就像普通人一樣，餓了吃，睏了睡。然而，當須菩提突然站起來，引出一個終極性的問題，一下子，平常的場景有了不平常的氛圍。然後，當佛陀開口回答須菩提的問題，就完全進入了一個戲劇化的高潮，平常相裡爆發出令人震撼的力量。

關注自己的呼吸，讓心瞬間回歸寧靜

當佛陀和弟子們靜靜地坐在那裡的時候，一位名叫須菩提的弟子站了起來，向佛陀問了一個問題。暫且把他的問題放在一邊，先好好欣賞一下他的動作：他從座位上站起來，裸露著右肩，右膝跪在地上，雙手合十，向著佛陀說話。

須菩提的動作引發三個疑問：第一，為什麼穿袈裟時只遮著左肩，而把右肩露出來。據說是為了勞動的方便，我猜想很可能也與印度天氣炎熱有關，就像藏族人穿藏袍的時候也露出一邊，倒不是宗教的原因，而是因為西藏一天之內溫差很大。第二，為什麼要右膝著地？佛教的說法，右代表正道，左代表邪道，膝代表著般若（即智慧），地代表著實相。所謂實相，就是宇宙事物的真相或本然狀態。右膝著地，意味著洞察了空性的智慧與實際存在相遇。第三，為什麼要雙手合十？據說印度人把左手看作不淨之手，把右手看作神聖之手。當左右手合在一起，潔淨的一面與不潔的一面相互融合，成為一個整體。真正的含義大概是：我們必須把世界作為一個整體，我們必須包容作為一個整體的世界，就像虛空包容一切所存在的一樣，沒有任何二元的區分。

這些解釋也許是後人引申出來的，卻逐漸成為佛教的基本禮儀。佛教徒幾乎天天重複著這幾個動作。一般對佛有所憧憬的民眾，也會經常雙手合十。無論右膝跪地，還是雙手合十，不管它是否有多少深奧的象徵意義，即使單純從動作本身的形姿來看，都是優美而且讓人心生歡喜。我記得自己第一次去廟裡，見到僧人，打動我的，是他們的姿態和他們的表情。姿態和表情，來源於心，所謂「相由心生」。我們在《金剛經》的第一段和第二段，領略了佛陀和須菩提在日常生活裡的風采，看起來很平常，但是蘊涵著一種感染力。這不是簡單的禮儀所能薰陶出來的。當我們讀完整部《金剛經》，就會明白：因著徹底的覺悟，才能成就佛陀那樣的風采。

但是，從另一方面看，外在的禮儀、規範也能引發心靈的變化，尤其對於我們一般人，有時候是有效的方便法門，能夠在最短的時間內使我們的心安靜下來。淨土宗甚至認為，即使你對佛法完全不瞭解，只要每天念誦佛號，也會功德無量，往生淨土。藏人從小就不斷地念六字真言。所以，不論在做什麼，他們的神情和動作總是從容、鎮定。

念誦本身是一種靜心的行為。當我們全神貫注於念誦著的音節，外在的紛亂世界似乎遠遠地離開了我們。

為了生存忙碌，每天活在各種動作裡，匆忙，而且都是向外抓取。當我們跪在地上，或者雙手合十，正好與塵世裡各種動作相反，是內斂的，是突然之間走上返回的道路。你可以嘗試一下，不管坐著，還是站著，不管是在辦公室裡，還是在大街上，不管是你一個人，還是周圍擠滿了人，把你的雙手慢慢收回來，慢慢地合在一起，安定在自己的心口，把自己的頭微微地低下，向著地面。這時候，會產生什麼樣的感覺？

如果你覺得跪在地上或雙手合十有點過於引人注目，那麼，不妨試試另外一個方法，那就是，當你的情緒波動、感到焦慮的時候，當你受到各種誘惑的時候，立即，把注意力聚焦在自己的呼吸上，全然地關注自己的呼吸，深呼吸，再深呼吸，好像整個世界都消失了，只有你自己的呼吸聲。這唯一的聲音把你帶回到你的內心，你會聽到你內心的聲音。沒有什麼複雜思辨，你只要立即安靜回到自己的呼吸，你的整個向外張揚的狀態就會向內回歸，最終，你一定能夠聽到你內心的呼喚。

試一試，這個方法很簡單。不論你在做什麼，不論站著、坐著或是躺著，把注意力集中在呼吸上。

當鼻孔慢慢吸氣的時候，舌尖也慢慢抬起，抵住上顎。稍稍停頓後，用口，慢慢呼氣，舌尖也慢慢放下。

呼氣，吸氣，平緩而清晰地，整個自體會慢慢放鬆下來。這是最簡單的呼吸方法，不妨試試看，也許會有讓你意想不到的效果。

今天困擾你的，也曾困擾過佛陀

須菩提在那樣一種姿態裡，問了一個問題，一個把我們帶向某種終極境界的問題。

所有的宗教或哲學，都是基於某些問題而展開的。即使是平凡的眾生，每天的生活，也幾乎是圍繞著各種問題而展開。我們各人的命運之所以不同，在很大程度上，是由於我們發現的問題以及解決的途徑不一樣。一個人思考什麼樣的問題，往往決定了他生活的格調和路向。

一些人每天想到的問題是：買什麼菜？如何趕上上班的車？如何把工作做得讓主管滿意？一些人可能把賺錢作為目標，考慮的是哪裡有好的投資，如何用最少的資本獲取最大的利益，一些人可能想著如何快樂，考慮著什麼樣的消遣能夠讓自己快樂，考慮著如何忙裡偷閒去哪裡度假，想著哪裡有好的電影，一些人可能思考著怎樣使得我們所生存的社會變得更好，怎樣縮小貧富差距，怎樣實現民主，等等。

我們關注什麼樣的問題，就會有什麼樣的人生。因此，如何提問，顯得非常重要。我們提出問題，並且思考，其實就是在探尋著一條道路。不同的問題把我們帶到不同的地方。

佛陀原先只不過是叫喬達摩・悉達多的王子，每天在淨飯王宮裡，過著舒適的生活，不知道貧困，也不知道疾病，更不知道死亡。如果他一直活在與世隔絕的環境裡，也許他就那麼愉快地活著，沒有疑問，也就不會覺悟，當然就不會有佛教思想的展開。然而，有一天，佛陀出了王宮，問題就開始了。

第一天

太子出了王宮，到了城外的花園，見到一個老人，佝僂著腰，拄著拐杖，步履艱難。太子在宮裡從未見過這樣的人，就問隨行的車夫：「這個人怎麼了，為什麼他的頭髮、身體和別人不一樣？」

「這是個老人。」

「為什麼稱他為老人？」

「稱他為老人，是因為他活不久了。」

「那麼，我也會像他一樣變老嗎？」

「太子啊，我們每個人都會變成老人。」

回到王宮，太子悶悶不樂，心想：「這種名為生的東西真是可鄙，因為它引起生者衰老。」

第二天

太子出了王宮，到了城外的花園，見到一個病人，很痛苦的樣子，躺在自己的糞尿裡，別人扶起他，幫他換衣服。太子在宮裡從未見過這樣的人，就問隨行的車夫：

「這個人怎麼了？他的眼睛與別人不一樣，聲音也和別人不同。」

「太子啊，這就是病人。」

「為什麼稱他為病人？」

「太子啊，稱他為病人，是因為他難以痊癒。」

「我也會生病嗎？可以避免生病嗎？」

「太子啊，你和我們一樣，都會生病，無法避免。」

太子回到王宮，悶悶不樂，心想：「這種名為生的東西真可鄙，因為它引起生者衰老和病倒。」

第三天

太子出了王宮，到了城外的花園，見到一群人，穿著雜色衣服，在進行火葬，便讓隨行的車夫把車駛近，清楚地看到了那個死人。太子在宮裡從未見過這樣的人，就問車夫：

「為什麼稱他為死人？」

「因為他的父母和親友再也不能見到他，他也不能再看見我們。」

「我也會死去嗎？我的父母和親友再也不能見到我嗎？我也會永遠見不到他們嗎？」

「太子啊，你和我們都會死，無法避免。」

太子回到王宮，悶悶不樂，心想：「這種名為生的東西真是可鄙，因為它引起生者衰老、病倒和死亡。」

第四天

太子出了王宮，在城外的花園，見到一個出家人，剃著光頭，身穿袈裟。太子在宮裡從未見過這樣的人，就問隨行的車夫：

「這個人怎麼了？他的頭與別人不一樣，衣服也與別人不一樣。」

「太子啊，這就叫出家人。」

「為什麼叫出家人呢？」

「太子啊，稱他為出家人，因為他善於行正法，善於行正行，善於行善業，善於行福業，善於不殺生，善於憐憫眾生。」

「好極了！」

於是，就讓車夫把車駛近出家人。太子問出家人：

「你是怎麼了？你的頭與別人不一樣，衣服也與別人不一樣。」

「太子啊，因為我是出家人。」

「為什麼你是出家人？」

「因為我善於行正法，善於行正行，善於行善業，善於行福業，善於不殺生，善於憐憫眾生。」

「好極了，正法好極了，正行好極了，善業好極了，福業好極了，不殺生好極了，憐憫眾生好極了。」

然後，太子對車夫說：「你自己回家吧。我要在這裡剃去頭髮，穿上袈裟，成為出家人。」

上面戲劇性的四天，構成一個故事，叫作「太子四門出遊」，最早見之於《大本經》（講述佛陀在法堂向眾比丘講述佛前生事蹟的記錄），釋迦牟尼向弟子傳授佛法時，講了這個故事，裡面的主角是「毗婆尸太子」。但在後來的典籍裡，這個故事成了佛陀自己的生平；成了佛陀如何出家的故事。

當然，故事裡的「太子」是誰並不重要。事實上，釋迦牟尼確實是在榮華富貴裡感觸到生老病死的無常之後，才走上成佛道路的。

很清楚，佛陀所要尋求的，並非如何使我們這個世界變得更好，而是根本上，他對於我們所處的世界完全絕望，他要做的是如何出離世間，用故事裡的話說：名之為生的東西非常可鄙。因此，他所要解決的問題是：如何出離生死的輪迴？

所以，達摩才會認為梁武帝修廟之類，並無功德；五祖弘忍才會教訓弟子：你們整天供養，只求福田，卻不求出離生死苦海。

一個真正的佛教徒要追求的，是生死輪迴的解脫。《中尼迦耶》（南傳巴利語系統的五部經藏之一）第二十六《聖求記》中，佛陀談到自己出家的經歷：「我覺醒之前，只是一個尚未開悟的菩薩，自身受縛於生、老、病、死、憂愁和污穢，也追求受縛於這些的事物。於是，我想，自身受縛於生、老、病、死、憂愁和汙穢，為何還要追求受縛於這些的事物？我想，自身受縛於這些，看到其中的禍患，能否追求無生森林、無老、無病、無死、無憂愁、無污穢，達到無上解脫，達到涅槃？」

佛陀的問題把佛陀帶到了解脫的道路。找到自己的問題，找到真正的問題，就是找到了此生的路向。

如何降伏內心的妄念

所以，當尊者摩羅迦子向佛陀問法時，問道：世界是永恆還是不永恆？世界是有限還是無限？身和命是同一還是不同一？如來死後是存在還是不存在？或者既是存在，也是不存在？或者既不是存在，也不是不存在？

佛陀沒有回答他，而是講了一個故事：有一個人中了毒箭，要帶他去看醫生，他不去，堅持要弄清楚以下問題：這箭是誰射的？他是什麼人？他的弓是什麼樣的？等等。結果，這些問題還沒有弄明白，那個人就死掉了。

佛陀的意思是，我們應當追問的，是有用的問題，至於那些無用的問題，只會浪費時間。

那麼，怎樣才是有用的問題呢？每個人對於生命的設問，決定了生命的路向。

每年大學畢業的時候，一些學生考慮的是：如何找一個好的工作？而另一些考慮的是：如何找一件適合我的事情？這兩個問題帶來的是完全不同的人生。前者是隨波逐流的人生，後者是追尋夢想的人生，你要哪一種呢？賈伯斯每天問自己：「如果明天我就要死了，我會做什麼？」結果他只做自己內心想做的事情，幾十年如一日，把蕪雜的人生修剪得非常簡單，沒有任何多餘的負累。另一些人每天可能問的是：「今天如果見到老闆，我應該說什麼呢？」、「今天中午約誰去吃飯呢？」諸如此類的問題，一定是諸如此類的生活。有些女性總是糾纏在「怎樣嫁一個好丈夫」、「怎樣做一個完美的女孩」之類的問題，越想越糊塗。

在佛陀看來，凡是有助於厭棄，有助於離欲，有助於滅寂，有助於平靜，有助於通慧，有助於正覺，有助於涅槃的，就是有用的問題，反之，就是無用的。

一言以蔽之，在佛陀看來，凡是有助於解脫的問題，就是有用的問題。佛陀把人生基本定位於「苦海」，世間的任何目標是否實現，最終的結果都是「煩惱」，只有出離這個世間，出離生死的輪迴，才能真正返回到本原的安樂。

所以，須菩提站起來，問佛陀：「善男子、善女人，發阿耨多羅三藐三菩提心，云何應住？云何降伏其心？」意思是，當那些皈依佛法的男女產生了追求無上正等正覺、成就最高佛道的心願，怎樣才能保持這種心願（即保持菩提心）呢？如果他們產生了妄念，怎樣才能降伏他們的心呢？（他問的，是佛學或佛教最基本也是最終極的問題：如何發菩提心？如何降伏妄心？）

佛陀馬上回答：你問得很好。因為這是一個尋求最終解脫的問題。那麼，如何發菩提心？如何降伏我們的妄心呢？佛陀的回答簡潔有力：「一切有生命的存在，卵生的，胎生的，濕生的，化生的，有形質的，沒有形質的，有心識活動的，沒有心識活動的，以及既非有心識活動又非沒有心識活動的，所有的生命，我都要讓他們達到脫離生死輪迴的涅槃境界，使他們得到徹底的度脫。像這樣度脫了無量數的眾生，但是實質上，並沒有什麼眾生得到度脫。為什麼呢？須菩提，如果菩薩的心中有了自我的相狀、他人的相狀、眾生的相狀以及生命存在的時間相狀，那麼，就不成為菩薩了。」

一本《金剛經》，所要解答的，就是這樣一個簡單而深奧的問題；所反覆闡述的，就是佛陀的這一段話。這段話可以說是大乘佛教最基本的宗旨，也是《金剛經》的總綱。所以，佛陀才會說，《金剛經》是為那些「發大乘者說，為發最上乘者說」。

須菩提的終極問題

《金剛經》開頭顯現了一種日常的生活場景，佛陀和他的弟子就像普通人一樣，餓了吃，睏了睡。然而，當須菩提突然站起來，引出一個終極性的問題，一下子，平常的場景有了不平常的氛圍。然後，當佛陀開口回答須菩提的問題，就完全進入了一個戲劇化的高潮，平常相裡爆發出令人震撼的力量。

是的，佛陀的平常相裡有著令人震撼的力量。為什麼呢？因為佛陀的安於此時此地，是以終極性的思考為基礎的。也就是說，他已經把生命、把存在想明白了，然後，放下一切，就在此時此地，就在當下，很平常的樣子。外表上看起來，好像和我們這些平常人沒有什麼兩樣，而實際上，完全是不同的境界。

終極性的問題，也許是關鍵。終極性的問題，好像是光，會照亮我們的日常，或者說，會使我們暗淡的日常變得澄澈。怎樣的問題才算終極性的問題呢？怎麼樣嫁一個好的丈夫？怎麼樣炒股票？怎麼樣學好英語？怎樣擁有健康的身體？等等。都是生活中切實的問題，對於許多人來說，都很重要，然而，都不是終極性的。為什麼呢？這些問題的解決並不意味著一種終結，而恰恰是新問題的開始。比如，你得到了一個丈夫，但婚姻的問題就開始了；你獲得了健康的身體，但你仍無法避免死亡，等等。

須菩提的問題是終極性的，因為它終結了所有其他的問題。當你解決了這個問題，其他的問題就變得不是問題了。因此，我用光來比喻終極性的問題。

是一種穿透，也是一種停頓。當我們在日常的軌道上，突然因著某個因緣，停了下來，把自己從現實的關係中抽離出來，遠遠地反觀自己以及處身的世界。也許不會去思考須菩提那樣的問題，但可能會思考對於個體來說是終極性的問題：我到底在這一生中想做什麼？以及能夠做什麼？

你想要什麼？你能夠做什麼？這兩位一體的問題，在我看來，是個體從日常生活裡通向終極性的開始。我自己第一次閱讀《金剛經》的時候，讀到須菩提提問這一段，老實說，並不是很理解。更不太明白佛陀的回答是什麼意思。然而，他那種終極性的思路，給予了我一個觸動，我覺得我應當停下來，很安靜地問我自己：我這一生到底要的是什麼？當想明白了這一點，那些困難的現實難題好像都變得容易了。

既然終極性的問題是光，那麼，我們是否不需要實際的問題呢？不是的。在我看來，生存本身是一個實際的過程，同時，這個實際的過程本身蘊涵著終極性的光芒，只是我們沒有發現，只專注於實際的一面而已。比如，即使在賺錢這樣一些很世俗的行為裡，如果我們時時以終極性的問題去提升，那麼，你在賺錢，但永遠不會被錢所束縛、所奴役。

第3課　修廣大心：從眼前的煩惱中解脫

在任何一個狹小的點上，我們都可以在禪定裡越過無數的障礙，看到無限的空闊。當你在車站等車，當你一個人在家裡的客廳，當你在一個無聊的會議裡，當你在街上行走，當你……你都可以嘗試著迅速安靜下來，向著東西南北四面八方觀看，用眼睛，用心靈，去感受無限綿延的空間，去想像與你同時存在的無限的事物。

這種觀看和觀照，不僅開闊我們的心胸，更引導我們覺知到：存在的真相並非只是我們眼前所見到的，我們的眼睛無法見到的，以及我們無法想像到的，在別處，也真實地存在著。

貓、狗、老虎也是眾生

當須菩提問：怎樣才能保持菩提心常住不退？佛陀一開口就用了「所有一切眾生」這樣一個詞，強有力地，一下子就把我們從當下提升。用泰戈爾的話來說，就是一下子把我們從有限性上升到無限性。當佛陀說「所有一切眾生」，他一下子看到的，不只是局部的、分別的存在，不只是眼前那一千多個弟子，不只是那個叫做祇園精舍的園子，不只是園子裡那幾棵樹，而是一個整體，一個無限大的整體。

一般人以為，眾生指的是沒有覺悟的普通人。然而，佛陀所說的「眾生」，顯然不只是人類，也不只是生物界。按照他的界定：一切有生命的存在，卵生的，胎生的，濕生的，化生的，有形質的，沒有形質的，有心識活動的，沒有心識活動的，以及既非有心識活動又非沒有心識活動的。嘗試著閉上你的眼睛，根據佛陀的描述，去想像一下「眾生」的世界：黑種人、白種人、黃種人；貓、狗、虎、河馬、兔子；花、草、岩石；地球、太陽、月亮；微生物、微粒……你可以無限地排列下去。

在這樣的排列以及觀想之中，你會覺知到，你所生存的環境，不只是你的家，不只是你的社區，不只是你的城市，不只是你的辦公室，不只是你的朋友、你的國家，不只是你的種族，而是一種無垠的無限性。你在無數的人群之中，在無數的植物之中，在無數的動物之中，在無數的知名或不知名的存在之中。

一種解放會隨之而來，你的眼睛和心靈會發現從前沒有發現的事物。從前你只關注於自己的孩子，為他（她）的一切操心，現在，你可能會留意到鄰居的孩子，乃至其他國家的孩子。有那麼多的孩子，在那麼多不同的地方，以那麼多不同的方式生活著；甚至你還會留意到那些幼小的動物，比如魚，比如鳥，都那麼在自然裡生存著。從前你覺得每天接送孩子上學放學，是一個苦差，現在，你會體會到路上的形形色色，向著你敞開，是你之外的生命，另一種更廣大的生活。你在觀看，在傾聽。活著，是一種苦，然而，不是苦役；是一種體驗，一種觀照。體驗，以及觀照，把我們帶向一個廣大的存在。

是的，你不是神仙，不是超人，只能在此時此地，然而，只要你的心靈不固執於眼前的事物，不固執於利益相關的事物，而隨時隨地去感覺更廣大的存在、體會不可言說的無限的存在。那麼，此時此地，心會把遠方、把無限帶到你的眼前。那麼，此時此地的一切，在無限性的包圍裡，顯得多麼微不足道。在那無限的世界裡，有那麼多美妙的細節，那麼多生動的形姿，時時刻刻，處處與我們一起生存著。此時此地的煩惱或快樂，也都顯得多麼微不足道。

隨時隨地的修心法門

須菩提等人坐在佛陀周圍。佛陀告訴他們，覺悟的人對於一切都不應當執著，在佈施的時候也不應該執著。如果佈施的時候並不覺得自己是在佈施，那麼，所獲得的福德大到不可思量。接著，佛陀突然問須菩提：你可不可以想像一下東方的虛空有多麼廣闊？須菩提聽到這個問題，馬上向著東方看去，也許他看到了其他的人，看到柱子，最後看到了牆壁，然後，他的眼睛就看不到了。但是，眼睛看不到的地方並不是盡頭。牆壁的外面有樹林，穿過樹林，是一條大路，大路一直通向大海，大海流到地平線，地平線再向東，是浩茫的宇宙。

所以，須菩提回答，東方的虛空是不可想像、不可思量的。

然後，佛陀又依次問了南方、北方、西方。須菩提在片刻之間，進入禪定，向著南方、北方、西方看去，看到的，是無限的廣大。

所以，他回答，無論哪個方向的虛空，都是不可思量的。

佛陀的提問，似乎只是比喻，實而是一種修心的法門，是一種隨時隨地可以修行的法門。在任何一個狹小的點上，我們都可以在禪定裡越過無數的障礙，看到無限的空闊。當你在車站等車，當你一個人在家裡的客廳，當你在一個無聊的會議裡，當你在街上行走，當你……你都可以嘗試著迅速安靜下來，向著東西南北四面八方觀看，用眼睛，用心靈，去感受無限綿延的空間，去想像與你同時存在的無限的事物。

這種觀看和觀照，不僅開闊我們的心胸，更引導我們覺知到：存在的真相並非只是我們眼前所見到的，我們的眼睛無法見到的，以及我們無法想像到的，在別處，也真實地存在著。

人的身體只能處於狹小的空間。只能在廚房裡，只能在辦公室裡，只能在教室裡，只能在某個地方。大部分人在房間、汽車、商場等人造的空間裡來來往往，在自己工作的機構和家庭之間來來往往。但是，就像梭羅說的：謝天謝地，世界並不限於這裡。世界並不限於這裡，在我們之外，有著廣闊的天地。而且，我們不一定需要時間和金錢，才能離開束縛我們的圈子，去領略不限於此的更廣大的世界。梭羅肯定沒有讀過《金剛經》，但他的看法契合佛陀的見解：快把你的視線轉向內心，你將發現你心中有一千個地區未曾發現。

這確實是一種簡單而有效的方法，不論我們在什麼地方，在做什麼，都想一想梭羅的話：世界不限於這裡。都試一試佛陀引導須菩提觀想每個方向的場景，最後止於空無。藏傳佛教裡的密宗，初步的修煉就是這樣開始的，叫做「觀十方虛空」。你在某個點，某個辦公室，某條街上，你好像只能困在這個點上，但你只要稍稍抬起眼睛，就能看到周圍的廣大，不僅廣大，而且充滿虛空。所有的事物，其實都在虛空裡。所有的點之外，是更廣大的世界；所有的點本身，就是無限的世界。離開這個點，你會走得更遠；在這個點上，你會走得更深。

所以，永遠不必害怕，沒有一個點能夠把你困住，困住你的，只是你自己的心。

時間的奧秘與法則

《金剛經》開頭用了一個時間概念：一時。意思是某一段時間。接下來佛陀在說法的過程裡，用到不少時間概念，那些概念與「一時」完全不同，不是把我們帶到一個特定的具體時刻，而是越來越漫長，直到不可思量的無限漫長。開始用的是「五百歲」，「如來滅後，後五百歲」，後來又出現一次：「若當來世後五百歲」。「五百」雖然是一個很具體的概念，然而，五百年和

「一時」相比，是多麼的漫長。

五百年，指的是佛陀涅槃後第五個五百年，也就是末法時代的第一個五百年。按照佛陀的說法，那時候，會出現從《金剛經》的章句裡產生信心的人。而這些人是「不於一佛、二佛、三四五佛而種善根，已於無量千萬佛所種諸善根」。大意是，這些人不只是一個佛或四五個佛的處所種下了善根，而是在無限遙遠的前世在千萬位佛的處所種下了善根。無量千萬佛，是多少時間呢？難以計算，只能說是無限遙遠。

更難以計算的是：無量百千億劫。劫是佛教裡一個特定的時間概念，分小劫、中劫、大劫，一般佛經裡使用劫這個詞，指的是大劫。大劫是多少時間呢？簡單地說就是地球的一生一滅。

佛陀說，即使用無量百千億劫的時間，以身體佈施，所得的福德都不如書寫、領受、持行、讀誦並為別人講解這部《金剛經》那麼多。在下面的經文裡，佛陀又說自己，「過去無量阿僧祇劫，得值八百四千萬億那由他（古印度的數量詞，相當於萬億）諸佛，悉皆供養承事，無空過者」。「阿僧祇」是無限久遠的意思，加上前面的形容詞「無量」，你能夠想像出這個過去有多麼久遠嗎？

時間是什麼呢？好像是奧古斯丁吧，曾經說過：時間究竟是什麼？沒有人問我，我倒清楚，有人問我，我想說明，便茫然不解了。讀霍金的《時間簡史》，很期待，時間有歷史嗎？時間的歷史是怎樣的呢？我們如何去描述時間的歷史？一定是一本有趣的書。然而，讀了幾頁，就糊塗了，發現時間不見了，變成了宇宙。在霍金的筆下，似乎時間等於宇宙。宇宙的開始，以及宇宙的終結，就是時間的歷史。

古代印度偉大的君王彌蘭陀王曾經請教聖僧那先比丘（又名龍軍）：時間

是否存在？那先回答：有存在，有不存在。並推論說：全時間之最初起點不可知。至於過去、現在、未來這樣的時間劃分則根本上是一種無明。就像《金剛經》裡說，過去心不可得，現在心不可得，未來心不可得。愛因斯坦說過：「對於我們有信仰的物理學家來說，過去、現在和未來之間的分別只不過有一種幻覺的意義而已，儘管這幻覺很頑固。」

時間是一種永不停止的相續。現在立即成為過去，而過去，也曾經是未來。每一個時間的點，都在一個流動不已、周而復始的循環裡，是一個無限的整體。

佛陀發現了生命輪迴的秘密，每一生只是一個階段，一個剎那，之前，有無數的前生，之後，有無數的轉世。除非你真正覺悟，達到最高的境界，即：證得涅槃；就不再有轉世，時間也就不再存在了。時間在覺悟者的體驗裡，乃是空無的幻影。禪定所覺知到的時間，不是一個孤立的點，而是一個流動著的無限的整體。每一個片刻，都是過去、現在、未來。

很多人都在趕時間。而杜拉斯說：我一輩子都在學習如何浪費時間……其實，你再趕，你的前頭總有時間；你再浪費，時間還是沒完沒了地淹沒你。

時間不是一個外在於你的什麼東西，時間是你的生命的本身，是存在本身。所以，每一分每一秒，都是你自己的生命在流淌，不論多麼無聊，不論多麼痛苦，都是你自己的生命所經歷的，無所謂好無所謂壞。當佛陀說過去心不可得、未來心不可得、現在心不可得，你能夠得的就只是當下。

如果說有什麼善用時間的法則，那麼，只有一條法則：就在當下裡完成，不等待，不眷戀，不慌張，不恐懼，只是在當下裡全然地去做，去覺知，去享受……任何一個當下都是自己生命的自然流淌，所以，不論在什麼狀況下，不論疾病還是健康，不論快樂還是痛苦，都不抗拒，不排斥，把一切的狀況看作是生命本身的旋律，接受，在接受中感受生命的各種狀態的美，在感受中覺知到生命的喜悅。

第 4 課　修慈悲心：化解來自外界的傷害

一無所求，只希望普度眾生。用一個法國人的說法，就是：愛一切存在著的。愛一切存在著的，就是慈悲，就是宗教情懷。

什麼是真正的慈悲心？

佛陀在說完「所有一切眾生」後，緊接著就說：我皆令入無餘涅槃而滅度之。那麼無限的眾生，不管是誰，只要是存在著的生命，我都要度脫他們，讓他們得到徹底的解脫。「我」的願望裡，沒有一點點自己的意願，全是為著他人的利益。

一般人接近佛法，都是為了自己，最低層次的是把佛祖看成神靈，經常去供奉，也會採取一些「戒」，比如吃素，也會施捨一些錢財，但所有這些，為的是討佛祖歡心，希望他保佑自己平安、富貴。較高層次的，是想透過修煉，讓自己徹底擺脫對於世間現象的執著，達到清淨無為的境界，這叫小乘。最高層次的，就是佛陀在這裡所說的，完全不是為了自己，而是為一切眾生的解脫而修行。這是慈悲心，也叫大悲心。

所謂菩提心，必須要有大悲的情懷。月稱大師（古代印度著名大乘佛教論師）的名句：「幼稚之人，為一己的私利而勞苦，而諸佛只為他人而努力。既已理解了兩者之間，美德與缺失的顯著區別，請啟發我，願我以自身交換他人。」以自身交換他人，我們不僅擺脫了勞苦、煩惱，而且也為別人帶來快樂、溫暖；我們捨棄自身的利益，容納眾生，最終，眾生以寬廣的胸懷容納我們。

古代西藏高僧切喀瓦大師臨終時，對旁邊的弟子謝穹瓦說：「太可恨了！事情的結局根本不合我的期望。所以，請幫我向三寶獻供。」謝穹瓦問：「你本來有什麼期望？」切喀瓦回答：「我平時都是這樣祝禱的：希望一切眾生的痛苦，像一大片黑煙一樣，都能集結到我心中。可是，現在浮現在我眼前的，卻是淨土的景象。這根本不是我原先所想的。」

達賴二世喇嘛格敦嘉措臨終時，他弟子懇求他往生淨土後再回到人世，支持他們。格敦嘉措回答：「對我而言，一點也不渴望往生淨土，我倒希望轉世到污濁的世間，到有眾生遭受苦難的地方。」大乘的祖師龍樹大師簡潔而決絕地說：「願他人惡行，皆熟集於我，願一切善，皆結果於他人。」

慈悲的神奇力量

一切有情生命，
遠勝於有求必應的寶石，
我堅決要達成眾生的最高福祉，
將學習，視他們為最至愛至親。

古代西藏的高僧郎日塘巴尊者《修心八句義》的第一段，可以說是《金剛經》「我皆令入無餘涅槃而滅度之」的通俗說法。朗日塘巴尊者曾經發願：願生生世世以比丘身度化眾生。慈悲心意味著：我們個人的悲歡，個人的一切，都在眾生面前顯得無足輕重，只有眾生的喜樂、眾生的離苦得樂，才是我們唯一努力的目標。也就是說，除了度脫眾生解脫之外，別無其他目標。

慈悲心的最高境界是完全的無我，或者說，把自己的肉身以及塵世間擁有的一切，沒有保留地奉獻出去。所以，古代印度龍樹撰寫的《大智度論》中記載，一群貪得無厭的乞丐，向菩薩索取眼睛、頭腦、妻兒等等珍貴的東西，菩薩心中升起的只有悲憫，不發怒，也不懷疑，把一切佈施了給他們。甚至在遇到饑餓的老虎之際，菩薩把自己的血肉之軀佈施給了老虎，叫作捨身飼虎。

一般人會疑惑：難道我要拿自己餵老虎嗎？難道那些乞丐欺騙我也要佈施嗎？有這樣的疑問，是因為我們心中有我。而在菩薩的行為裡，慈悲是無條件的，是一種無須思考的當下行為。隨時隨地，菩薩以慈悲的心看待一切。更重要的是，菩薩沒有「自我」的意識。菩薩的生命處於一個無限的整體之中，因而，菩薩對於死亡沒有畏懼。所以，他可以毫不猶豫地獻出自己的肉身，這個肉身只是一個假借的身體而已，只是這一世的形式而已。如果從深遠的角度看，也就是不僅僅從這一世的角度看，菩薩在犧牲自己的過程裡，其實獲得了更深的「自我」。

當然，一般人會說，這是菩薩，我們是凡人，我們無法拿自己去餵老虎，無法把珍貴的東西給予乞丐。確實，我們是凡人，不想做菩薩，只想菩薩來幫助自己，也無法知道上一世或下一世，只能為著這一世著想。那麼，好吧，我們就只是為這一世著想，仍然過著世俗的生活。世俗的生活裡我們總是和別人發生關系。我們總是在各種關係裡。我們的成敗往往取決於我們處於怎樣的關係裡。緊張、衝突的關係，引發各種問題，阻礙我們的發展。而和諧的關係，推動我們的發展。

於是，慈悲心顯示了非凡的力量。我們也許做不到拿自己去餵老虎，也做不到無條件地把自己擁有的施捨給乞丐。但是，慈悲心引導我們：對於別人的一切行為，保持寬容；對於別人的不幸，心懷同情；並做到《修心八句義》中所說的：

我將學習，毫無例外地，對每一個人，
直接或間接地，獻出我所有的幫助和快樂，
並且恭恭敬敬地，以自身來取受，
我所有母親的一切傷痛。

那麼，我們就不會害怕別人會對我們怎麼樣，因為，無論別人對我們怎麼樣，我們的內心都只是慈悲。**如果只是慈悲地對待一切人，一切的有情生命，甚而擴展到一切的存在，還需要擔心別人會算計、陷害、打擊你？慈悲把我們的生存環境變得溫暖、柔軟，把我們融會到一個整體性裡，一個沒有私欲的整體性裡。**

捨身餵鷹的薩波達國王

還是想說說薩波達國王的故事。

那時候，薩波達國王用慈悲治理自己的國家，引起了天帝釋的擔心，他害怕薩波達國王會來搶奪自己的帝位。於是，他讓一位侍從變成一隻鴿子，自己變成一隻老鷹，想去試試薩波達國王修行到什麼程度。

老鷹緊緊追趕鴿子。鴿子逃到王宮裡，向薩波達國王求救，薩波達答應了牠。

老鷹追了上來，對薩波達國王說：「我肚子餓極了，請快把鴿子還給我。」

薩波達回答：「我發誓要救度一切眾生，這鴿子我不能給你。」

老鷹說：「你說要救度一切眾生，我難道不是眾生嗎？我現在快餓死了，你為什麼不救我？」

薩波達國王說：「那我拿別的肉給你吃。」

老鷹說：「可以，但必須是剛割下來的新鮮肉，否則我不吃。」

薩波達國王感到很為難，如果為了新鮮的肉，去殺戮其他動物，那麼，就和讓它吃鴿子是一樣的。

於是，他決定割自己的肉給老鷹吃。一塊一塊地割下來，總是達不到老鷹要求的分量。幾乎把自己身上的肉全部割完了，昏死了過去。

天帝釋恢復原形，叫醒薩波達國王，問他：「你做這樣超常的善行，是為了什麼呢？是想當轉輪聖王，還是想當天帝釋？」薩波達回答：「對這三界中的一切，我一無所求，只希望普度眾生。」

一無所求，只希望普度眾生。用一個法國人的說法，就是：愛一切存在著的。愛一切存在著的，就是慈悲，就是宗教情懷。

慈悲化解了一場戰爭

想起另一位國王的故事。

波羅奈國的國王，叫作波耶。他以慈悲管理國家，人民生活非常美滿。鄰國發動戰爭，企圖佔領波羅奈國。波耶王看到兩國即將交戰，心想：一旦打仗，會死傷很多老百姓，為我一個人的緣故，要讓許多無辜的人送命，實在不忍；我寧願犧牲自己的生命，也不放棄慈悲心。於是，他把自己的頭割了下來，交給一個婆羅門，讓他去獻給鄰國的國王。

戰爭因此沒有爆發。這就是慈悲的抵禦。犧牲了自己的生命和統治的權力，而保全了許多人的生命和生活的權利。許多的戰爭，假借著民族或國家的名義，實際上為的是統治者的權力。就像一首古詞說的：興，百姓苦；亡，百姓苦。

當戰爭即將爆發，作為一個國王，波耶王找到了最符合人性的道路，也是一條聖者的道路。他沒有力量讓鄰國的國王不發動戰爭，但是，他有勇氣奉獻出自己的權勢和生命，沒有任何猶豫，他就這樣做了，就這樣完成了這一世的生命。

第5課　修平等心：看透人生的本來面目

佛陀不僅僅看到一個無限的整體，而且他用的是一種觀照的方式。他沒有任何判斷，對於一切的眾生，在他眼裡，並沒有高下貴賤之分，都是存在，而凡是存在，都是一體，眾生平等。

無分別心，就無煩惱

在此時此地，你的眼睛只能看到這些樹木，這些房子，看到這麼一些人，而且，你看的時候，理所當然地，已經作了種種分別：這是人，那是小狗；這是房子，那是樹；這是男人，那是女人……這些分別我們認為是理所當然的，從來不會懷疑。

我們就活在這些分別裡。這是好的，那是壞的；這是美的，那是醜的；這是富有的，那是貧窮的；這是新的，那是舊的；這是成功，那是失敗；這是應該的，那是不應該的……時刻，我們的心靈總是在作著這些分別，然後，就會有所行動，當然，也就會有情緒的反應：悲或喜，怒或樂……

當佛陀說「所有一切眾生」，所有，一切，無所不包，意味著所有的開始和結局，開始的開始，時間之初，結局的結局，時間之終；意味著所有的邊界之內以及邊界之外。眾生，意味著所有有生命的存在，甚至是所有的存在。在此意義上，佛陀的眼，可以叫作天眼。他能夠穿透現象，抵達存在的最深處。

佛陀不僅僅看到一個無限的整體，而且他用的是一種觀照的方式，他沒有任何判斷，對於一切的眾生，在他眼裡，並沒有高下貴賤之分，都是存在，而凡是存在，都是一體，眾生平等。

當佛陀說：**我皆令入無餘涅槃而滅度之**。又接著說：**如是滅度無量無數無邊眾生，實無眾生得滅度者**。大意是，像這樣度脫了無量數的眾生，但實質上，並沒有什麼眾生得到度脫。佛陀把一切的生命或一切的存在，一下子，看透了。一下子，把形形色色的東西，就那麼概括了，變得如此簡單。一下子，就把無數個「我」想要求得的那些東西，虛化掉了。我要讓所有的眾生都進入徹底的解脫、徹底的寂靜。雖然用了一個「我」字，但那個「我」的自我欲求一下子被佛陀否定得無影無蹤。那個「我」只有廣大的大悲情懷，只有眾生的福祉。

而眾生，雖然度脫了無量數，但實際上，並沒有什麼眾生得到度脫。這是徹底的平等心，徹底的無分別心：眾生即佛。因為眾生本來就具有佛性，本來就在那裡，需要什麼外在的東西去度脫他們呢？更重要的是，當你真正發大悲心，去「普度眾生」時，你會發現，在最終的層面，眾生只不過一種幻象，是空的。與其說你度脫了眾生，不如說，你證悟了眾生的虛幻。這是所謂的般若，出世間的智慧。菩提心如果只有大悲的情懷，還是會執著，因而，必須同時有智慧的觀照，觀照到空。

一個孩子，一個老人，一個乞丐，一個美女，一塊石頭，一朵花……當你看到這些，你能夠看到什麼呢？如果你能夠一下子穿透這些形色，一下子看到包含了所有過程、形色的整體，並且以柔軟而洞察的心態感知他們，那麼，你就在離開迷妄心的路上了，或者說，你的菩提心已經開始在形成了。

世間是平等的，因為每個人都會死

誰敢說這個世界不平等呢？無論你是皇帝還是農夫，是富人還是窮人，不論是什麼樣的生命，都歸於死亡，歸於空無。這是我們能夠覺知到的最穩定的東西。權力、金錢、容貌……可能會喪失，也可能會獲得，總在變易之中。只有死亡，是不可改變，是每個人必須接受的。

上天給予每個人的生活確實都不一樣，給這個人漂亮一些，給那個人愚蠢一些，千差萬別。人生而平等，這是美麗的夢想。

事實上，人生而不平等，生在不同的家庭註定了不同的命運。所以，有一位父親對即將走上社會的女兒說：人間處處有不平。與馬克思同時代的卓越思想家齊美爾用了玫瑰的例子，說明社會平等的不可能：一個國家或城市裡，人們不可能擁有一模一樣的玫瑰。所謂平等，只存在於無休止的對於平等的追求之中，而永遠無法達成。

人群中永遠有人長壽，有人短壽；有人聰明，有人愚笨；有高山，有丘陵；有小河，有大海……最終，給予每個人的都是一樣的，那就是死亡。只有死亡達成了平等。人世間所有的一切，因為死亡而成為永遠的空無、寂靜。所有的一切，來自空無，歸於空無。空無就是空無，沒有什麼差別，沒有什麼貴賤、高下之分。於是，《金剛經》裡說：**是法平等**。

你我都擁有解脫的力量

佛陀在《金剛經》裡說：說法者無法可說，是名說法。意思是說法的人其實並不能給你說一個絕對的法，只好姑且名為說法。僅僅《金剛經》，佛陀說了五千多漢字。加上其他的佛經，佛陀所說的法，何止成千上萬的漢字。然而，佛陀說「無法可說」。在另外一個地方，他甚至說，自己說法四十多年，其實什麼也沒有說。說了那麼多，被認為創立了一個深厚的思想體系，然而，他說自己並沒有說什麼。實在是奇怪。

當須菩提問他怎樣保持菩提心常住不退，以及如何去掉妄心，他說要發心救度眾生，但又說其實並無眾生得到救度。聽起來也很矛盾。不過，如果瞭解了佛陀的思想源流，就會覺得佛陀說這些話，並不奇怪，也不矛盾。

佛陀的思想，以解脫為最終目標。解脫什麼呢？解脫世間的煩惱和生死的輪迴。解脫了以後，達到什麼境界呢？就是佛的境界，是清淨的境界。也就是我們平常說的：成佛。

既然是解脫，也就意味著，我們並不需要成為另外一個什麼，而只要回到本來的樣子就可以了。佛陀認為，我們，一切的眾生，本來就是清淨的，只是因為妄念而迷失了本性，所以，一直在世間漂泊，得不到安寧。如果我們放下一切的執著，就可以找到返回的路，回到本源。

因而，所謂佛性，所謂佛法，並不是什麼高深的道理，也不是什麼玄妙的法門，而是一直就在這裡也在那裡的真相，佛陀並沒有增加什麼或減少什麼，他只不過撕開一層又一層虛幻的假象，告訴我們這個世界原來是如此的，告訴我們存在原來是如此的。在這個意義上，他只是一個揭示者、一個引導者，他確實無法可說。

因而，所謂的佛性，所謂的佛法，其實並不神秘、並不珍貴，而是很普通，是每個眾生都具有的東西，一直就在你的身上，一直在每個存在之中。不論你是什麼，佛性，解脫的力量，都在你之中，不會因為你富有而增加，也不會因為你貧窮而減少。

因此，佛陀說：**如是滅度無量無數無邊眾生，實無眾生得滅度者。**

於是，《金剛經》說：**是法平等。**

第6課 最高修心法則：不執著，心平靜

一部《金剛經》，說來說去，無非就是如此。面前的那個人，那朵花，你不可能讓他們消失，但是，你可以觀照到他們不是一種絕對孤立的存在，而是因緣和合的結果，並且不可避免地，會生老病死，在無常之中，因而，你的心可以不受他們的干擾。無論什麼人，無論什麼樣的花，你都如此地看著，很安靜地看著，心始終在自己的心裡，不會被他們牽引而動盪。

菩薩，就是不執著的眾生

我還活著，正在打字，寫一本和《金剛經》相關的書，我還不算太老，有著簡單而清晰的過去：生於某年某月，某年某月大學畢業，某年某月到某個單位工作，某年某月擔任某個職務，等等。我有許多想法和感覺，會餓，會愛，會悲傷，會歡喜，從出生以來到此刻，我一直活在這個世界上，以「費勇」這樣一個名字，還有身分，比如有一段時間我是一個老師，有一段時間我是一個媒體的管理者，我是一個男人，我出生在浙江，等等，有很多屬性好像可以用來界定我。我並不虛無飄渺，從鏡子裡，從別人的眼神裡，我很真實地看到我自己。

同時，我還和別人一起活著，無數的人和我在一起，他們或者是我的同事，或者是我的朋友，或者是我萍水相逢的人，或者是我從來不曾相遇過的人，總之，我在人類之中，是人類的一分子。無論我見到還是沒有見到，所有的人都實實在在地活著。就如此刻，我可以看到窗外的孩子，看到更遠處街道上的行人，男人和女人，都在向著某個方向走去。他們都很真實，我能看到他們的五官，以及他們的身高、服飾，等等。

在人之外，還有更廣大的存在物，他們也很真實，我每天可以看到、聽到、觸摸到。比如草木，比如動物，比如河水……比如樓房，比如街道，比如汽車，比如電線桿……比如釘書機，比如筆和紙，比如玻璃杯……這一切，就在我們的日常生活裡，就那麼存在著，沒有人說他們是假的。

我能夠覺知到似乎是無形的時間。因為我真切地感覺到自己在變老，真切地看到別人在變老，也看到周圍的一切在變化著。這個人活了八十歲，那個人活了三十歲。這個朝代延續了一百年，那個朝代延續了兩百年。無論我自己，還是別人，都喜歡生命更加長久，喜歡自己喜歡的事物永遠不會消失。每一天，你看到太陽升起，看到太陽落下，看到月上柳梢頭。每一個時間的段落，都是真切的，不容懷疑。

然而，如果我對佛陀說上面這些話，佛陀會微笑，也許不說什麼，但我能夠感覺到他的意思，他的意思是你說的只不過是你所覺知到的，實際上，存在的真相可能是另一回事。你離覺悟的路還很遠。

佛陀要說的是：若菩薩有我相、人相、眾生相、壽者相，即非菩薩。顯然，我剛才講的全部是我相、人相、眾生相、壽者相，因此，我肯定不是一個菩薩。什麼是菩薩呢？菩薩的梵語是「Bodhisattva」，又譯為菩提薩多、菩提薩埵、覺有情、大士等。「bodhi」是智慧、覺悟的意思，「sattva」是有情眾生的意思。合起來，菩薩就是覺悟了的眾生。那麼，我還不是一個覺悟的眾生，還在迷惘的路上，所以，誦讀《金剛經》是一種必要。因為金剛經所講，無非是：如何成為菩薩，成為一個覺悟的人。

《金剛經》最高修心法則：不執著

眾生何以是眾生？因為沒有覺悟。何以沒有覺悟？因為還執著於我相、人相、眾生相、壽者相。關於這四種相，字面上的意思是自我的相狀、人的相狀、所有生命的相狀、生命延續時間的相狀。如果進一步推敲，佛陀指的是，關於自我的意識，關於人的意識，關於生命的意識，關於生命延續時間的意識。佛陀認為這些意識束縛了我們的心靈，如果我們想進入自由的境界，那麼，就應該擺脫這四個意識。

日本著名禪學思想家鈴木大拙把「我」解釋為「自我意識」，把「人」解釋為「人」，把「眾生」解釋為「存在」，把「壽者」解釋為「靈魂」。

丁福保的《佛學大辭典》中解釋：我相，於五蘊法中計有實我，有我之所有也；人相，於五蘊法中計我為人，異於餘道也；眾生相，於五蘊法中，計我為五蘊而生也；壽者相，於五蘊法中計我一期之壽命，成就而住，有分限也。

六祖認為這四種相是修行人常犯的毛病，心有能所，輕慢眾生，名我相；自恃持戒，輕破戒者，名人相；厭三塗苦，願生諸天，是眾生相；心愛長年，而勤修福業，法執不忘，是壽者相。

孟祥森先生把六祖的話翻譯成現代文：修行的人有四種心態，心裡以為有能動的主體和所動的物件之分，也就是有自我和非自我之分，因而對其他生命產生輕視傲慢的態度，這叫「自我心態」；自己以為自己能守持戒律，而輕視犯了戒律的人，叫做有人我之分的心態；厭惡生前死後的種種災難苦痛，而一心想著上升天國，是凡夫的心態；心裡貪愛長壽，為此勤做善事，燒香供佛，練功打坐，把佛家的道理把持不放，是追求長壽者的心態。

還有許多說法，在解釋上有些微的差別，但基本的意思是一樣的。所謂四相，從我延展到人類，再延展到一切生命，最後延展到時間，其實已經涵蓋了空間與時間的一切現象。《金剛經》裡反覆強調的無我相、無人相、無眾生相、無壽者相，確實可以概括為「無相」。

《金剛經》裡反覆強調，為什麼能夠覺悟呢？因為無相。那麼到底什麼是無相？

有人從字面去理解，以為無是沒有；相是相狀、特質，泛指現象，連起來，無相就是沒有現象的存在。許多人確實是如此理解佛教裡的空無概念，以為是沒有，是虛無，是不存在。因而，佛教常常被認為是一種悲觀、消極的思想。而事實上，佛教裡的「無」，並非「沒有」，而是指一種境界，一種經驗之先、知識之先的超越的境界，或者以詩意的說法：空無就是概念前的視境。趙州狗子《無門關》：「將三百六十骨節，八萬四千毫竅，通身起個疑團，參個無字。晝夜提撕。莫作虛無會，莫作有無會。」無不是沒有，而是一種沒有受「概念」污染的「有」。也可以說：既非沒有，也不是有，是一種「在」。

如果把相解釋成現象，那麼，所謂無相，並非要把現象虛無掉。現象是客觀的存在，比如那些人、那些植物，你無法抹殺他們，即使真的消滅了他們，也無法否認他們的存在。因此，《金剛經》所說的無相，重點不在於相的有與無，而是如六祖所說，在於我們看待相的心態。無相，就是不受各種現象的牽引，不受制於對象。吳汝均編著的《佛教大辭典》：無相，不具有相對的形相，不執取物件的相對相、差別相。在這個解釋裡，其實包含了相的另一個意義：獨立的自性。那麼，無相就是：任何現象都沒有獨立自足永恆的自性。因為如此，我們對一切的現象都不應該執著。這就是《金剛經》昭示的最高的修心法則：對於一切的現象都能夠覺知到空性的真相，從而沒有任何執著，達到自由自在的心境。

一部《金剛經》，說來說去，無非就是如此。面前的那個人，不論多可惡，你沒有辦法讓他消失，但你可以觀照他這個人，觀照自己何以對他厭惡，從而改變自己的態度，完全不再產生厭惡。任何一個人，無論對你做什麼，你都明白不過一種因緣，一種註定會消逝的虛妄現象，不會騷擾你的心；面前的那朵花，不論多美麗，你也沒有辦法讓它永存，但是，你可以觀照到它不是一種絕對孤立的存在，是因緣和合的結果，而且不可避免地，會慢慢凋謝在無常之中，因而，你的心明白它的美一定會消失，因而不會被眼前的美所搖盪。無論什麼人，無論什麼樣的花，一切的一切，你都如此地看著，很安靜地看著，心始終在自己的心裡，不被它們牽引而動盪。

放下不等於放棄

不要被物件所奴役。這種思想在古代中國、希臘都可以發現，例如老子。不同的是解決的方法，老子的辦法是「不見可欲」，凡是能夠引起欲望的東西都儘量不要去看、聽、品嚐，那麼，就可以不執著了。比如一個美女走過你面前，你最好閉上你的眼睛，因為沒有看到，也就不會激起你的欲求，當然也就不會有煩惱了。猶太教教士不會閉上眼睛，他會看著，並且讚嘆，然而，他讚嘆的不是美女，而是那個上帝，因為上帝創造了美女。

他把欲望轉化成了對上帝的仰慕。這兩種方法在某種程度上是一樣的，都是借壓抑、克制來解決問題。如果從心理學的層面看，壓制並非不執著，而是另一種執著。因為還沒有放下，所以，就需要壓抑、克制。如果放下了，就不需要閉眼睛，也不需要一個上帝來作為仲介。

佛陀所說的不執著，其實是放下。怎樣才是放下？應無所住而生其心，大意是對於存在的一切不滯留不執著而心念流淌。這是《金剛經》裡只出現了一次的話，卻把不執著、放下的含義說得清清楚楚。難怪這句話曾經啟發了嶺南的樵夫惠能，驅使他立即離棄俗世，走上一條徹底的靈的道路，成為禪宗的一代宗師。

應無所住而生其心。一個「生」字，透露出無限的生機、活潑的氣息。那顆不執著的心並非死寂的、壓抑的，而是生機勃勃的、活潑的。

還是回到美女，如果一個菩薩看到美女，會怎麼樣呢？我想了很久，仍然難以回答，不過，有一點是肯定的，菩薩不會迴避一個美女，也不會去讚美上帝。一個美女走過菩薩的眼前，實在不是一件什麼特別的事情，很平常，就像你每天要見到太陽，見到樹木一樣，就像每天要見到街上無數的面影一樣。一個美女，只是一個美女，沒有什麼特別的。有無數的女人和男人，有無數的樹木，有無數的星星。菩薩都看到了，所以不覺得什麼特別。當然，菩薩也會覺知到她的美，甚至能夠體會她的美所帶來的愉悅，至少在俗世的層面，她確實是美的，她的軀體可以引起快感。但菩薩更會覺知到她的美在變化之中，比如衰老，菩薩也知道她的軀體不過是血肉之軀，和所有的人都一樣，等等。所有的這一切，菩薩都明白，所以，菩薩一定不會沉溺於那種美和愉悅，更不會因為她而生起煩惱。

不過，我不是菩薩，仍然無法告訴你菩薩遇到美女會怎麼樣。我只是在猜想：大概不會怎麼樣。我可以告訴你的是三個故事，關於美女或女人的故事。

第一則來自《大智度論》，說是美女當前的時候，如果是一個淫蕩的男人，會覺得她很美妙；如果是一個女人，會嫉妒她，會覺得她討厭；如果是一個修行者，會看到她的各種缺點，透過不淨觀覺悟；如果是一個男同性戀者（這是我編的），會無動於衷，好像只是在看一塊泥土或木頭。美女就是那個美女，但在不同的人那裡，會有完全不同的反應。《大智度論》的有趣在於，最後的假設是，如果那個美女的內心是清淨的，那麼，前面說的四種人，看到她，也就沒有什麼不同的想法了，都只是清淨。這裡似乎要告訴我們：你自己如果徹底地不執著、放下、徹底地清淨，你就不會成為別人的對象。美女不只是一個客體，她也可以成為主體。也許更深的含義是：如果徹底放下，就不再有什麼主體與客體的區分。

第二則來自中國的禪宗，說是一個老太太供養了一位禪師，一年後，她讓自己年輕漂亮的女兒赤裸著身體去送飯，想考察一下禪師的功力，結果，禪師對於她的女兒毫無興趣，好像沒有看到一樣。按理，說明這個禪師的修為了得，應該得到獎賞。但出人意料，老太太大罵：一年間只養了個俗漢。就把禪師趕走了。那麼，這個禪師應當怎麼做呢？我想了很久，沒有答案，好像明白了，又沒有辦法說出來。仿佛是做也不對，不做也不對。這是一個度的問題，很微妙。既不是禁欲的苦修的，也不是放縱的散漫的。好像怎麼做都可能被老太太趕走。

再看第三則，也來自中國的禪宗，流傳很廣，說的是一對師徒到了河邊，遇到一個女人，無法過河，師父就背著她過了河。徒弟很困惑，一個修行的人怎麼能夠去接觸女人的身體呢？走了一段路後，他終於忍不住質問師父為什麼背那個女人。師父的回答是：我早就放下了，你怎麼還沒有放下？

這三則故事有不同的旨趣，然而，都顯現了佛教生動的一面，至少都傳遞了一個強烈的資訊：佛教並非是禁欲的宗教，當然，更不是縱欲的宗教。那麼，佛教是怎樣的宗教呢？

不執著於觀念，就不會受負面情緒的傷害

應無所住而生其心。而事實上，我們大部分人的生活是：有所住而生其心。科學家把花生裝在一個玻璃瓶裡，放到猴子的面前，猴子立即盯著花生，亂抓亂搖，急切地想把花生拿出來，然而，只要它的眼睛只看著花生，就永遠無法拿出來。如果它的視線離開花生，從一個廣闊的視野去看瓶子，也許它會

發現瓶口在哪裡，從而找到拿出花生的方法。但是，猴子的眼睛就是牢牢地盯著花生，因而，它就一直在那裡跳來跳去，始終得不到花生。

猴子不愧為人的祖先。其實猴子只盯住花生的這一形象，也恰恰是我們大部分人的形象。難道不是嗎？我們大部分人活著，就是為著眼前的花生在奔波、操勞。我們的心思，全部聚焦於我們想得到的東西上面。我們得到了這顆花生，然後，又盯著新的花生。花生本身沒有什麼不好，它是一種美味，帶給我們愉悅。然而，許多人的問題，或者更嚴重地說，是疾病，在於他們讓花生淩駕於自己之上，成為生活的主體，乃至唯一的目標，自己的生命在花生面前，反而萎縮了，好像變成了一架機器。

而且，很多時候，花生會變成虎皮，變成比生命更重要的東西。有一個人被老虎叼走，他的兒子拿著槍趕來救他。那個人對他兒子大喊：射牠的腳，不要射牠的頭，因為虎皮很值錢。為了值錢的虎皮，連自己的命都可以不要。一顆顆的花生，吸引了我們所有的注意力，又變成了一張張的虎皮，把我們的生命以及心靈禁錮在形相的牢房裡。我們活著，全然是為著某個物件，我們的自己完全消失了。這是扭曲的生活，然而，大家都習以為常，為什麼會習以為常呢？因為還有另一個牢房囚禁著我們：觀念。

觀念構築了一個更深刻更堅固的牢房。每個人都活在自己的觀念裡，按照認為應該的去行動，很少有人會停下來，細緻地反思自己的觀念。而每個人的觀念，並非每個人本身具有的，而是出生以後家庭、社會所賦予的。

我們自己的煩惱，來自我們的觀念。比如，一個女人被男人摸了一下手，如果在現代，一般人並不覺得是多麼嚴重的事情，但在理學盛行的宋代，那個女人可能覺得只有砍掉自己的手，才能保持自己的清白。因為她腦子裡全然是貞潔觀念。人與人之間的爭鬥，一半來自名利，一半來自觀念，而根本上，來自觀念，因為名利的重要與否，取決於人們的觀念。不同的觀念，導致無數的戰爭，人們為自己的信仰而戰。

歸納起來，各種各樣的形相包圍著我們，引起我們的喜愛和厭惡，各種各樣的觀念隱藏在我們的心底，支配著我們的行為。我相、人相、眾生相、壽者相，實際上可以簡單地分為兩種：有形的相與無形的相。前者是物質層面的，後者是觀念層面的，這兩個層面構成了我們實際的生活狀態，我們就在這個狀態裡喜怒哀樂、生死輪迴。《金剛經》所要告訴我們的是，我們所賴以生活的形相和觀念是虛妄的，是妄相和妄見，必須從它們構築的牢房裡解放出來，回到你真正的自己。

現在，可以回答佛教到底是什麼樣的宗教這個問題了。在我看來，用解放這個詞來形容佛教也許是最貼切的。佛教的不執著、放下、清淨，是人的一種自我解放。從哪兒解放出來呢？從我們所執著的形象（妄相），以及所執著的觀念（妄見）中解放出來。佛教的種種學說，無論哪種法門，都是把人從虛妄的物質世界和褊狹的觀念世界裡解放出來，成為真正的人。《金剛經》講空，講無相，也無非是讓人看清存在的真相，從而達臻自由的境界。可以說，佛教是充滿了自由精神的宗教，是對於一切既定的體系和意識充滿了懷疑和反叛的宗教，是唯一的沒有偶像崇拜的宗教。

應無所住而生其心。如果細細品讀，你一定會感受到這句話裡流溢著自由的氣息，以及生命的律動，是一句充滿著詩意的話。心是活潑的、是生動的，因為覺知到了一切的形形色色，一切的情感思緒，一切的理念意識，一切的一切，都經過心的反映和觀照，像水流過，像風吹過，不會粘滯，不停留，不癡迷，不貪婪，不感到任何不愉悅的情緒，不受一切的束縛。

第7課 不要讓實現目標的過程成為煎熬

這是佛陀發現的一個根本的點。無論你用什麼手段，無論你透過什麼達到了何種目標，最初與最終的目的都只有一個：對於一切的一切都不執著。也可以說是解脫，不著相。也可以說是：自由。

佛陀在《金剛經》裡指出了一條徹底自由的道路：不執著。

這條道路隨時隨地，就在我們的面前，就在我們的身上。無論我們做什麼，無論在哪裡，在什麼時候，你都必須不執著，不黏著於任何事物，你的心總是在觀照，在覺知，總是在自由之中。

賺錢是一種手段，不是生活的目的

橋只不過是一種仲介、一種手段，目的是讓我們從此地到達彼岸。所以，我們只是走過橋樑，而不是停留在橋樑上，即使停留，也多半是為了看看風景，然後，還是要去到對岸。沒有人會一直停留在橋上。

然而，德國哲學家齊美爾發現，在人類的實際生活中，我們往往站在了手段的橋樑上而忘記了彼岸，在橋樑上安了家。他說的是金錢。金錢的產生是由於交換的需要，你有一把刀，但你並不需要它，而是更需要一把鹽，於是，你必須去找到一個擁有鹽而需要刀的人，和他交換。人類曾經處於這樣物物交換的時期，但很快，發明了金錢（貨幣）。把貨幣作為一個仲介，免去了很多麻煩，那個擁有刀而需要鹽的人，不必再費勁去尋找擁有鹽而需要刀的人，他只要直接拿著錢去購買。

因此，人們只要賺錢就可以了，因為錢可以買到他們需要的東西。但是，這個過程延續到資本主義時代，人類已經忘記了金錢只不過是一種手段，最終的目的是為了那把刀或鹽，是為了你需要的東西。錢成了目的，人們活著就是為了賺錢。金錢成了我們這個時代的上帝。人們從小開始，就被培養成如何成為成功者，而成功者的唯一標誌就是金錢。人們完全忘記了：賺錢本來是為了你需要的東西，一旦你獲得了你需要的，金錢就變得毫無意義。人們為金錢而金錢。手段成為了目的。

齊美爾的觀察揭示出一個事實，那就是，人類生活的許多煩惱，許多執著，其實在於我們站在手段的橋樑上而忘了達到彼岸。金錢本來是人類為了方便而創造設置的，只是工具，是被人類所利用的，但後來，它卻變成了主體，反過來主宰人類。人類在賺錢的過程中停了下來，黏著在金錢的上面，滿足於每天或每個月數著自己賺到的錢，然後盤算著明天或下個月再賺多少錢。賺多少錢，成了目的。而人的一生，真正的目的是要達成什麼樣的人。為了達成什麼樣的人，當然需要金錢，需要別的什麼，然而，都是手段，都是為了要達成你那個終極的目的，而不是反過來：為了要賺錢，你要變成一個什麼樣的人。

《大智度論》中說，在一切財寶裡，人命第一，人是為了活命才求財，而不是為了財貨而求命。許多人卻顛倒了這種關係，就像我們常常從社會新聞裡看到的悲劇：遭遇搶劫時，為了保護自己口袋裡的幾百塊錢甚至幾塊錢，不惜以死相拚。金錢高於一切的觀念滲透在人們的血液中，人們為了金錢而活著。

日常世界成為一個顛倒的世界，大部分人迷失在手段的歧路上，而忘了生命真正的方向和目的地。如果我們安靜下來，回到自己的內心，傾聽靈魂的呼喚，明白自己真正想要去什麼地方，然後堅定地朝著那個方向走去，那麼，塵世裡的煩惱也就微不足道了。但我們大部分人，要麼不知道自己要去什麼地方，要麼知道了而不夠堅定，因而，整個的生命，成為一種浪費，重複著沒有意義的事情。

過河之後要拆橋

把手段當成了目的，是一般人常常迷失生命方向的原因，也是之所以會煩惱的重要原因。佛陀的「四諦說」，其實是要提醒人們不要迷失在各種手段的雜草裡，而要回到生命的根本上來。

在《金剛經》裡，佛陀更進一步，認為修行者執著於各種修行手段，也是一種障礙，一種煩惱。把修行的方法看得很重，停留在那個形式的上面，而忘了修行的真正目的。也是一種執著，和執著金錢、美女沒有什麼兩樣。所以，就如莊子提醒人們得到了魚就要忘掉捕魚的工具一樣，佛陀再三告誡他的弟子，他自己所說的佛法對於修行者來說，就好像渡河的筏，過了河登上岸就要捨棄。

那麼，如何做到登上岸就捨棄呢？佛陀提出了一個革命性的修行原則：手段即目的。其實並沒有什麼橋樑，每走一步就已經在彼岸。以佈施為例，復次，菩薩於法應無所住，行於佈施。這是佛陀對於須菩提「**云何應住？云何降伏其心？**」的進一步回答，特別強調了菩薩不應該以執著的心態去佈施。佛陀並沒有說不需要佈施，他說的是：**菩薩於法應無所住，行於佈施**。佈施是必需的，一切的修行，都必須借助行為而達成。或者說，一切的修行都需要一定的工具，比如像車那樣的工具。佛教有所謂「三乘」的說法，「乘」就是車的意思，三乘就是三種通行的車。第一是聲聞乘，也叫小乘，透過領悟「四諦說」而證得阿羅漢果；第二是緣覺乘，也叫中乘，透過領悟「十二因緣說」而證得辟支佛果；第三是菩薩乘，也叫大乘，透過空性的領悟而證得無上菩提。

三乘各有自己的修行方法，大乘的修行方法主要有六度（又叫「六波羅蜜」，意思是六種到彼岸的方法）：佈施、忍辱、持戒、禪定、精進、般若。

佈施是一個起點，最終的目的是解脫。佛陀在「行於佈施」之前，有一句：菩薩於法應無所住。他的意思是，菩薩應該以不執著的心態去佈施。佈施的目的是為了不執著，為了解脫，而佛陀又說你必須用不執著的、解脫的心態去佈施。在這句話裡，佛陀顯現了他獨特而偉大的思想方法：手段就是目的。佈施是起點，同時，在這個起點上，你已經達到終點。因此，佛陀所提出的六度，並非意味著，你必須先修習完佈施，然後去修習忍辱，然後去修習持戒、禪定、精進、般若，然後到達解脫。佛陀完全不是這個意思。他的意思是，在每個階段上你都可以，而且必須進入最終的目的，佛法的修行和英語的學習，從一級到六級完全不一樣，知識的積累可以分成一個一個的階段，但智慧的開悟則是另一種更深刻的學習，是整體性的，是同時性的。

回到佈施。佛陀說，不執著於色而佈施，不執著於聲音、香氣、味道、觸覺而佈施，總之，不執著於相而佈施。為什麼這樣說？因為一般修行的人在佈施時容易產生憐憫心，以為佈施的對象比自己貧窮，也容易以為自己在積德而希望獲得回報，等等。佈施是一個實際的行為，簡單地說，只不過把自己的東西施捨給別人的行為。比如最經常地把自己的錢給一個乞丐，最徹底的，出家人在出家前把一切的財物施捨給有需要的人。為別人講解佛法，也是一種佈施，叫「法佈施」，給別人無所畏懼的勇氣，也是一種佈施，叫「無畏佈施」。無論怎樣的佈施，都是一種實在的行為，但佛陀說必須做到無相，才是真正的佈施。無相佈施當然不是不佈施，而是佈施的時候，不執著於佈施這種行為，不執著於我是佈施者他是接受者這樣的分別，沒有任何的要求得到回報的意識。只是很自然的行為，很自然的捨棄，當你把錢佈施給一個乞丐的時候，你並不覺得他是乞丐，他只不過是和你一樣的人類，也不覺得你的錢有多麼重要，你給予他，就像太陽發出光芒一樣，照耀任何可以照到的地方。你就在那一個佈施的時刻裡得到解脫。

忍辱、持戒等等，也是一樣，在你忍辱的時刻，在你持戒的時刻，你並不是在積累、在等待，而是在當下，你就不執著於忍辱或持戒本身，當下就達到那個最終的目的：解脫。因為解脫而自由地活著。這是《金剛經》發出的偉大資訊，修行不是一個漫長的過程，不需要等待，而是當下就可以達成，當下你就是一個自由的人。在無論哪個修行階段，你都可以直接抵達終點。

目標可能成為你掃除焦慮的障礙

現代社會的學歷有個次第，比如學士、碩士、博士等等，佛教的修行也有個次第，小乘佛教裡有四種果位，第一是須陀洹，第二是斯陀含，第三是阿那含，第四是阿羅漢，一個比一個趨向徹底的覺悟。第一個果位須陀洹意為初入聖者之流，所以又叫「入流」；斯陀含意為「一往來」，已經領悟了四諦的道理而斷滅了與生俱來的煩惱，但仍需在天上和人間各生一次，才能最後解脫；阿那含意為「不來」，已經完全斷除了欲界的誘惑，不會再在這世上轉生；阿羅漢意為「不生」，已經徹底覺悟，進入涅槃，不再處於生死輪迴之中。這是漸進式的，須陀洹之後是斯陀含，斯陀含之後是阿那含，阿那含之後是阿羅漢。

因此，一般的修行者常常想著一個目標，一年或多年後我要修到什麼果位，然後，到一定時候會評估：我已經達到了什麼果位？是須陀洹還是阿那含？如果是阿那含，就會想：我已經證得了阿那含，接下來我要去修阿羅漢。

佛陀卻說這樣的意識阻礙我們的修行，阻礙我們達到真正的目標：解脫。

他啟發須菩提，一個達到須陀洹的人不能想著自己已經得到了須陀洹的果位，因為須陀洹名為入流，實際並沒有什麼可入的；一個達到斯陀含的人不能想著自己已經得到了斯陀含的果位，因為斯陀含名為一往來，實際我們並沒有往來；一個達到阿那含的人不能想著自己已經得到了阿那含的果位，因為阿那含名為不來，實際上並沒有什麼不來；一個達到阿羅漢的人不能想著自己已經得到了阿羅漢的果位，因為一旦有這樣的念頭，就著相了，就著了我、人、眾生、壽者的相了。執著於相，無論是哪一種相，就不是阿羅漢。

已經達到了阿羅漢的境界，但不能有一點點的念頭以為自己已經是阿羅漢的境界了。佛陀所要求的，不僅僅是不執著於手段，而且，對於所謂開悟的境界也不要執著，對於修行的目標本身也不要執著。不要一心想著我要達成什麼，然後想著我已經達成了什麼。佛陀說，你不需要這樣，因為你只要就在此時此地，做你自己，你就已經抵達了。就在此時此地，在你自己心中，你不需要一個外在的更遠的目標，不需要去驗證你到了什麼階段的果位。你已經達成了。

對於金錢、美女、權力不要執著，一般人很容易理解，也很容易去實行，但是，一般人容易墮入的怪圈是，不執著於金錢，就執著於清貧，不執著於美色，就執著於禁欲，對於一種東西的放下，是以新的執著為代價的，否定了這個，就肯定了那個，反對這個，就贊成那個。但是，佛陀開創了另外一種全然不同的思路，當他否定這個時，並不意味著肯定那個，當他反對這個時，也並不意味著他贊成那個。他引導我們，越過非此即彼的狹隘空間，回到一個更深邃更開闊的境界。因此，佛陀在《金剛經》裡所說的不執著，不只是對於某些東西不執著，而是對於一切的一切都不要執著，包括對於佛教的修行手段，以及修行目標，也不要執著。不執著，自由的心態，不受一切的奴役，才是唯一的目的，也是最高的原則。必須把這個原則貫穿到所有的修行之中，才可能真正達到解脫。

這是佛陀發現的一個根本的點。無論你用什麼手段，無論你透過什麼手段達到了何種目標，最初與最終的目的都只有一個：對於一切的一切都不執著。也可以說是解脫，不著相。也可以說是：自由。

佛陀在《金剛經》裡指出了一條徹底自由的道路：不執著。這條道路隨時隨地，就在我們的面前，就在我們的身上。無論我們做什麼，無論在哪裡，在什麼時候，你都必須不執著，不黏著於任何事物，你的心總是在觀照，在覺知，總是在自由之中。

不要讓實現目標的過程成為煎熬

很多時候，我們活在手段裡，我們不知道我們的真正目的是什麼。比如金錢，我們不斷地賺錢，賺更多的錢，但是我們不知道賺了錢是為了什麼，只是在為著錢而奔波。再比如婚姻，我們不太明白婚姻的真正目的是什麼，只是覺得到了結婚的時候就該結婚，只是因為社會規定我們結婚才結婚。再比如求學、工作等等，很多人並不知道上大學是為了什麼，只是因為社會的氛圍如此，大家都上大學，於是，就拚著命考大學，等等。

很多人，一輩子沒有弄明白自己活著到底想要什麼，或者說，沒有弄明白自己活著的真正目的，因此，一輩子在隨波逐流，在賺錢的過程裡，在婚姻的過程裡、在工作的過程裡，等等，在一切的過程裡煩惱著、痛苦著、掙扎著。

因此，很多時候，我們必須要面對的問題是：我到底想要什麼？我能夠做什麼？如果不明白這兩個問題，我們的生活基本上是活在各種過程裡，永遠沒有一個確定的目標，永遠沿著社會為我們設定的目標而活著，純然是一種盲目的動物性的生活，一種被動的乃至是失敗的生活。

這是許多人的生活狀況，一輩子都沒有弄明白自己的生命到底需要什麼，以及自己能夠做什麼，只是在隨波逐流。大家都在移民，所以，他也要移民；大家在買股票，所以他也要買股票；大家在學鋼琴，所以，他也要學鋼琴。他不明白的是，移民也罷，股票也罷，都只是手段，重要的是自己的目標到底是什麼，如果這個手段能夠最迅速地達到自己的目標，才是值得去做的，否則，就毫無意義。所以，很多時候，我們必須冷靜下來，問問自己：我到底想要什麼？我能夠做什麼？

許多人想明白了這個問題，知道自己想要什麼，而且知道自己能夠做什麼，更知道自己如何達成自己想要的，堅定地向著這個目標前行。這樣的人往往能在某個領域做出成就，即使不是什麼偉大的成就，但也常常自得其樂，因為是在做自己能夠做的而且是喜歡的事情。

在世俗的層面，這種人生沒有什麼遺憾，可以稱作成功的人生。然而，在佛陀看來，這種人生仍然隱藏著巨大的缺陷，並沒有得到最終的解脫，因為在目標實現之後，會有新的目標。仍然是一種手段式的生活，為了一個目標，忍受各種痛苦，期盼著那個目標。到達那個目標後，快樂非常短暫，很快就有新的目標出現，然後，又是在手段的路途上。

佛陀在《金剛經》裡所啟示的生活，是超越了手段、目的的生活，是一種全然當下的生活。你可以有各種各樣的目標。比如你想買一套房子，比如你想成為一個企業家，比如你想成為一個演員，等等。

佛陀並沒有要求你拋棄這些目標，你可以有這些目標，但是，佛陀所希望的是，你必須領悟到，這些目標，所有的目標，只是生活的自然過程，並不是一個束縛，也不是一個等待。在那套房子得到之前，你在努力著，然而，你的努力不是一種煎熬、一種等待，而是一種活著，一種生命的展開。在那個所謂的目標，比如那套房子得到之前，你應該在每個當下，就享受生命的喜樂。生命的喜樂、活力，在每個時刻都蘊藏著，是無須等待的。也許，**佛陀所要告訴我們的是，真正的目標只有一個：當下的享受。在每一個當下享受生命，這才是全然的人生，完整的人生，本色的人生。**

如果你現在不休息，你就永遠無法休息

於是，又回到那個故事。

一個人在河邊曬太陽，另一個走過來，指責他：你怎麼這樣懶惰，為什麼不去好好工作？那個人就問，工作是為了什麼？另一個人回答：為了賺錢。那個人又問：賺錢為了什麼？另一個人回答：為了享受。那個人就說：我現在不就在享受嗎？這是一個非常有趣的故事，流傳著不同的版本。網上有一個版本是這樣的，說是有兩個朋友離開城市去旅行，無意中到了一個偏僻的島

上，像世外桃源那樣美麗，其中一個馬上決定不回城市了，就在這個島上搭了房子，每天打打魚，看看日出日落。另一個人回到城裡，忙著去融資，忙著做方案，要把這個島開發成房地產，忙了很多很多年，頭髮禿了，身體發胖了，但是，終於成了成功的開發商，賺了很多錢，然後，他說要退休了，就在海邊買了幢別墅，開始享受人生。而他的同伴，一開始就享受了人生。這也許是寓言式的故事，然而，好像就是真實的生活情景，我們在日常裡到處看到另一個人的身影，偶爾，看到他的同伴的身影。至於我們自己，好像總是在猶豫之中打發歲月，在半推半就之中時光倏忽老去。

還有一個更有趣的版本，來自印度，是我從奧修的書裡讀到的，奧修說這個故事很美。亞歷山大大帝聽說一位名叫戴奧真尼斯的隱者，於是，就悄悄去找他。亞歷山大在某條河邊找到了戴奧真尼斯，發現他光著身子在曬太陽，亞歷山大看到了一個一無所有的人，然而，是一個很美的人，一個很優雅的人。

於是，亞歷山大就問：「先生，我能夠為你做些什麼嗎？」

戴奧真尼斯回答：「只要往旁邊站一點，因為你擋住了我的太陽，如此而已，我不再需要什麼了。」

亞歷山大又說：「如果有來世，我會要求神把我生成戴奧真尼斯。」

戴奧真尼斯笑著說：「不必等到來世，也不必請求神靈，你現在就可以成為戴奧真尼斯。」又問亞歷山大：「我看你一直在調動軍隊，要去哪裡？為了什麼呢？」

亞歷山大回答：「我要去印度，去征服世界。」

「征服了世界之後你要做什麼？」戴奧真尼斯問。

「然後，我就會休息。」亞歷山大回答。

戴奧真尼斯哈哈大笑：「你完全瘋了。你看我現在就在休息，而我並沒有去征服世界。如果你想要休息和放鬆，為什麼不現在就做？我要告訴你：如果你現在不休息，你就永遠無法休息。你將永遠無法征服世界，因為總還有一些東西還要被征服……生命很短，時間飛逝，你將會在你的旅程中死掉。」

你將會在你的旅程中死掉。確實，我們很多人在人生的旅程裡死掉了。然而，如果生命的真正目的就是享受，那麼，並不需要什麼旅程，開始就是結局。如果開始就是結局，那麼，我們並不會死在旅途之中，我們只會活在當下，活在當下的完成裡。

第8課　生死的秘密

一切的形相，都是虛妄的。你只有發現了一切的形相都是虛妄的，你才能見到如來，才能把握那個真正的實在。這句話意味著，我們生活在假象之中，如果你要得到解脫，必須去尋求那個真相。滿月宴會上那個說孩子會死的人，或者谷崎潤一郎的小說裡那位意識到美女也會排泄的男子，和一般人相比，已經看到了一部分的真相，然而，死亡也罷，排泄物也罷，都不是最終的真相，它們是低層次的真相。

《金剛經》裡，佛陀說了最徹底的話：凡所有相，皆是虛妄。若見諸相非相，即見如來。那麼，也就指出了最終的真相：空。

直面真相，是覺悟和解脫的開始

有一家人的小孩滿月擺酒，請了許多人來祝賀。客人們送了很多禮，當然，也說了很多祝賀的話。這個說：這個小孩的面相真好，將來一定是個大官。那個說：這個小孩的眼睛很有靈氣，將來一定是個大才子。諸如此類。主人聽了非常高興，一一答謝，還請他們就座吃飯。這時，突然冒出一個冷冷的聲音：這個小孩以後肯定會死。主人大怒，讓僕人把說話的人趕了出去。

據說這是一個民間故事。我是從魯迅的雜文裡讀到的。魯迅用這個故事感慨的是，說假話的都得到好的招待，而說真話的卻被趕了出去。說真話的確實被趕了出去，但是，那些得到款待的，也並非是因為說了假話。那些人說的，其實是祝願的話，或者用通俗的說法，是好聽的話。為什麼好聽？因為折射了主人自己的願望，主人自己願意他的孩子升官發財，願意他成就大事。聽到別人的口裡說出了自己的願望，當然高興，當然愉快。說的人其實沒有什麼錯，聽的人高興，其實也沒有什麼錯。**一切的問題也許在於：生活中許多想不開，許多執著，是因為我們把這個願望當作了現實。**這個剛剛滿月的孩子，也許會當大官，也許會當大作家，也許會發大財，這都有可能，然而，僅僅是個願望，是個尚未實現的願望。對一個剛剛滿月的孩子來說，未來有無限的可能性，但只有一個可能性是真實的，那就是他以後——不管是什麼時候——肯定會死掉。他也許會成為大官，也許會成為大財主，也許會是一個士兵，或別的什麼，都是不確定的，但死亡是確定的，他一定會死掉，這是不容爭辯，不容懷疑的。無論那個孩子成為大官還是別的什麼，都不能改變他會死掉這個事實，他只有一個目的地，唯一的：死亡。

然而，我們不願意面對這個確定的唯一的事情，反而，迷醉在不確定性之中，迷醉在不確定性造就的浮華之中，把虛浮的當成了真實的，把想要的東西當作了真實的。在世俗的層面，也許，死亡是唯一的一個真相。而真相是人人所不願意面對的。幾乎所有的真相，都是程度不同的禁忌。人的心理傾向，容易迴避真相，而活在虛假的願望裡。那個滿月宴會上的主人和說「假話」的人們，只不過是無意之間受制於一個禁忌，關於死亡的禁忌，並非如魯迅理解的那樣，刻意要說假話。

禁忌是一種掩蓋和粉飾，阻止人們去面對真相。因此，推開禁忌的牆壁，直面真相，是覺悟和解脫的開始。谷崎潤一郎有一篇寫古代日本宮廷生活的小說。有一個男子迷戀上宮廷裡的一個女子，想了許多辦法都無法得到她，卻又非常想得到她。後來男子終於明白不可能得到她，不如放棄對她的迷戀。如何放棄呢？想了她的許多缺陷，都沒有用，還是非常迷戀。最後，他想到了一個辦法。他打算去看那個女子的排泄物，以為只要一看到她的排泄物，就會徹底粉碎因她的美所建立起來的那種幻覺，就可以不再迷戀她。結果那個女子明白了他的心思，在便桶裡做了手腳。當宮女把那個女子的便桶拿到園子裡，男子去偷看，發現的是美麗的花和芬芳的氣息。結局是那個男子完全絕望，以自殺來了結對那個女子的迷戀。

再美的女子，也會排泄。這是一個事實，但一般人不太願意想到這一點，更不願意看到這一點，而願意沉迷在眼睛所看到的美貌之上，沉迷在對美的想像之中。那個人決定去看美女的排泄物，去面對一個真相，確實有助於自己從執著裡解脫出來。佛教的基本修行裡，就有所謂的修不淨觀，就是透過對身體器官的觀想，明白到再美的美女，不過是一堆普通的血肉。用時髦的學術術語，叫作「去魅」，把魅力的幻影一層層地去掉，把她還原成普通的存在物。然後，就不會執著於她的美貌。

死亡的重要意義

那個在滿月宴會上說孩子會死的人，有點像童話《國王的新衣》裡的孩子，說出了一個簡單的一直就在我們面前的真相。國王赤裸著身體，在街上招搖，展示著所謂的華服，所有的人都在讚美那件看不見的華服，只因人人害怕被認為是愚蠢的人。只有一個孩子，老老實實地說出了他看到的事實，只不過是一個裸體，哪有什麼漂亮的衣服。宴會上的人說孩子會死，也只不過是說出了一個簡單的真相。人們不願意看到或聽到這個真相，人們願意用各種祝福的話，去建構一個繁華的日常世界，讓自己迷醉其中。然而，這些生活無論多麼熱鬧，最終都因為死亡而歸於空無、寂靜。真正留下來的只是寂靜，只是空無。我們日常所執著的那些東西，就像皇帝的新衣，是一個幻覺，實際上赤條條，空無一物。但是，人類喜歡迷醉在這樣的幻覺裡，只有那個天真的小孩，和那個清醒的成年人，說出了真相：這一切都是虛妄的。

所以，佛陀很早的時候，就發現了死亡的意義。覺知死亡，並不是僅僅覺知人類生活

黑暗的一面，不是這樣的，佛陀根本上不是一個悲觀的人，雖然他的思想是從人類生活悲劇的一面開始的。死亡的資訊在佛陀看來，不是一個完結的信號，而是一個提升的信號。借著覺知死亡，我們可以擺脫對於現世生活的迷戀和執著，而邁開自我解放的第一步。因此，念死這樣一種修行在佛教裡，在我看來，比修不淨觀更加重要、更加根本。如果念死的意識沒有融入日常生活，就不可能是一個真正的佛教徒。藏傳佛教格魯派的創始人宗喀巴在他著名的論著《菩提道次第略論》中指示成佛修行的進階，第一步從哪開始呢？從「念死」開始，宗喀巴認為念死是「摧壞一切煩惱惡業之錘」，「心執不死者，乃

一切衰損之門；念死者，乃一切圓滿之門也」。

那麼，如何念死呢？第一，要時刻想到「定死」，就是任何人一定會死的，壽命只會減少不會增加；第二，要時刻想到死期是不定的，隨時可能會死，就像佛陀所說「生命在一呼一吸之間」；第三，要時刻想到死的時候你無法帶走任何東西，也沒有什麼東西能夠幫助你，除了你內心的信念。因此，所謂念死，其實就是把死亡的意識融會到我們的日常生活中，從而捨棄對於塵世種種利益的愛欲。

「向死而生」。這是一本書的名字，是一個讓人喜樂的名字。對於死亡的覺知、思考，並不是一種悲觀的終結，而是一種無限的開始，因著這種無限的開始，生命變得圓滿，既不是悲觀的，也不是那些祝福的話所營造起來的樂觀，而只是喜樂，當下的喜樂。人類專注於現世的生活，刻意隱瞞死亡的真相，在我們成長的過程裡，很長時間不能面對死亡，要麼非常恐懼，要麼覺得離自己非常遙遠，是別人的事情。

我在二十五歲的時候，因著祖母的去世，真切地感受到死亡與自己是如此緊密，是我自己生命內部必然發生的事情。而在幾年後，親眼目睹一個朋友永遠地合上眼睛，那種震撼超過了一切的理論與說教，幾乎是一種巨大的壓力，驅使我自己去思考，去尋找出口。最初確實是一種哀傷的悲劇情懷，但接下來，卻是更為巨大的解放，從現世生活的圖景裡解放出來，進入一個無限廣闊的境地。

這種心理體驗有點像失戀。剛剛失戀的時候，我們悲傷，但同時我們漸漸地發現，在我們所愛戀的物件之外，有更廣大的天地，發現我們自己因為愛戀那個物件，而遺忘了更廣大的歡樂，於是，失戀變成了一種解放。

最終的真相

夏天雨季的時候，佛陀會從天上回到人間。一位叫華色的比丘尼，為了第一個見到佛，搖身一變，成為一位轉輪聖王（佛教裡君王的概念，不是政治意義上的王），大家紛紛相讓。結果這個比丘尼成為最先向佛禮拜的人。然而，佛卻說：你不是第一個禮拜我的人，須菩提才是第一個禮拜我的人。大家在人群中並沒有看到須菩提。須菩提其實並沒有來到現場，他只是遠遠地觀察，看到那麼多人等待著佛的到來，他想到的是：眼前雖然氣象盛大，但是，不可能長期持續下去，不知道什麼時候會出現毀滅，一切都是無常的。佛陀認為這是觀察到了諸法皆空，是真正看到了佛。

因此，佛陀問須菩提，是不是「可以身相見如來」須菩提當然回答：不可以。因為「如來所說身相，即非身相」。有一個重點是「見如來」，如來是佛陀的另一個稱呼。但我覺得，「見如來」，並不完全是去見佛陀的意思，而是指「見到真相」，或「見到實在的本體」。可不可以身相見如來？意思是是否可以透過外在的形相來把握存在的真實體性？佛陀回答：不可以。因為他所說的身相，並非真正的身相。然後，他說了一句非常非常重要的話，也是最徹底的一句話：凡所有相，皆是虛妄。若見諸相非相，即見如來。

一切的形相，都是虛妄的。你只有發現了一切的形相都是虛妄的，你才能見到如來，才能把握到那個真正的實在。這句話意味著，我們生活在假象之中，如果你要得到解脫，必須去尋求那個真相。滿月宴會上那個說孩子會死的人，或者谷崎潤一郎的小說裡那位意識到美女也會排泄的男子，和一般人相比，已經看到了一部分的真相，然而，死亡也罷，排泄物也罷，都不是最終的真相，它們是低層次的真相。

《金剛經》裡，佛陀說了最徹底的話：凡所有相，皆是虛妄。若見諸相非相，即見如來。那麼，也就指出了最終的真相：空。

什麼最能束縛我們的心靈

死亡並非最終的真相，最終的真相是超越生死分別的，既非生，也非死，是「空」。如何把握那個最終的真相呢？《金剛經》裡反覆使用的一種句型透露了通向「空」的道路。《金剛經》裡反覆使用一種肯定的同時又否定的句型，也有人稱之為「三句義」，比如，「莊嚴佛土者，即非莊嚴，是名莊嚴」，「佛說般若波羅蜜，即非般若波羅蜜，是名般若波羅蜜」，等等。又如「如來所說身相，即非身相」，雖然只有兩句，但實際上也是三句，只是省略了「是名身相」。這些句子如果按照字面上理解，好像很玄，比如「佛說般若波羅蜜，即非般若波羅蜜，是名般若波羅蜜」，如果翻譯成現代漢語，就是：

佛所說的解脫的智慧，其實並不是解脫的智慧，只是叫作解脫的智慧。

好像是語言遊戲，佛陀用這樣的句型，想要表示什麼呢？想要我們領悟什麼呢？其實，佛陀所要告訴我們的，是所有的「名相」都是一種假象，所謂「凡所有相皆是虛妄」，首先是所有的名相都是虛妄。或者說，人類生活的假象，首先是由人類發明的各種概念、名稱組成的，這些名稱、概念束縛了我們的心靈。因此，解脫的第一步，就是去掉名稱、概念，去找尋被名稱、概念遮蔽了的真實存在。

《金剛經》所昭示的，是不要被任何的概念、名稱所束縛，這任何，包括佛所說的解脫法門，也只是一種說法，並非絕對的真理。絕對的真理在語言之外，在概念之外。因此，佛所說的解脫法門，只是一種方便的說法，姑且給它「解脫的法門」這樣一個名稱，實際上，並沒有什麼需要解脫的，當下就已經是解脫，因此，也就沒有什麼解脫的法門。

詞語的本來面目

名稱只是一個名稱，但是，我們活在名稱所構成的世界裡。有一座村莊，離王宮大約五由旬（古印度長度單位）的距離。村民每天為國王送水。日子久了，大家覺得很累，想要搬離這個村子。村長為了勸說大家留下來，就去請求國王，把五由旬改成三由旬，讓村子離王宮近一點。國王同意了，大家又留了下來。有一個人說，距離還是原來的距離，改了有什麼用。但大家還是相信三由旬比五由旬少了許多路，仍然為國王送水。

大家相信名稱、概念，從名稱、概念去認識世界。當我們見到一個人的時候，首先問他叫什麼名字。彌蘭陀王見到龍軍，就問他的尊姓大名。龍軍回答說，別人透過龍軍這個名字知道我，然而，那只是一個名稱、稱呼、名字而已。透過這個名字，並不能掌握這個人。他進一步推導，何者是龍軍呢？

頭髮嗎？身毛嗎？指甲嗎？……每一個器官都不是龍軍。那麼，是色、受、想、行、識嗎？也不是。因此，龍軍只是一個聲音，並沒有這樣一個實體。然後，他問彌蘭王是否乘車而來，彌蘭王說是的。龍軍就問什麼是車？轅是車嗎？軸是車嗎？輪是車嗎？都不是，那麼，車是什麼呢？

彌蘭陀王有所領悟，說：基於轅、軸、輪等零件的組合而成為車的名稱，基於頭髮、手腳、腦等的組合而成為龍軍的名稱。實際上，車與人都無法從名稱上得到。名稱只是一個假名。用《金剛經》的方法，我們可以說，所謂車，其實並非車，只是叫作車；所謂龍軍，其實並非龍軍，只是叫作龍軍。所有的語詞，不論什麼性質的，都可以用這樣一種句型去重新敘述，比如，所謂美麗的，其實並非美麗的，只是叫作美麗的，等等。

《金剛經》的這種表述，顯示了語言的無力：在真相或真實的世界面前，語言是無力的。不僅無力，而且空洞。你只要想一想世界上有十幾萬叫「張軍」的人，他們的年齡、身分都不一樣，但是都叫「張軍」。再想一想「車」這個名稱，在英語和俄語、法語等不同的語系裡，寫法、發音都完全不同，但它們指涉的都是車這樣一種交通工具。而且，無論哪種語言的「車」，都不可能窮盡所有車的狀況。只有具體的一輛一輛的車。即使是具體的一輛車，無論用什麼樣的形容詞或名詞，也不可能真切地把它描述出來。真實的車就是實際在那裡的那輛車，語言對它無能為力。

因此，重要的不是這個名稱，而是這個名稱所指涉的物件。你必須擺脫語詞，去看那個實際的物件。重要的不是三由旬還是五由旬，而是實際上它所代表的距離是多少。這是第一步。任何時候，不要迷失在語言的密林裡。文明的疊加，使得我們離真實的世界越來越遠，語詞、概念，以及與此相關的制度、娛樂包圍著我們。解放的第一步是，對任何的語詞、任何的表達質疑，比如，美麗的，當你開口說美麗的，你要問自己：美麗的是什麼？什麼是美麗的？

這個詞指的是什麼？不要停留在詞語上面，不要執著於詞語所流露出來的美麗幻影之上。在日常生活裡，我們之所以被假象蒙蔽，很多時候，我們接受了人們正在使用的語詞、說法，理所當然地，接受了這些語詞，理所當然地認為是真實的，沒有任何懷疑。

因此，越過語詞，不要有任何的停留，不要停留在語詞和言語建立起來的喧嘩的王國。回到那個基本的點上，也就是那個具體的事物上，然後，真相才會漸漸地向你顯現。

我們迷戀的事物不可靠

那個具體的事物向你敞開。你向那個具體的事物敞開。不需要語言、文字。當下，就是那個具體的事物。比如車，你聚焦於那輛具體的車上。是一輛最新款的凌志，你上週買的。你正在開著這輛車，這是你的。你清楚它的每個細節，它是實實在在的。然而，佛陀說：凡所有相，皆是虛妄。這輛凌志如此清晰地在你的眼前，在你的手中，是它的方向盤。它怎麼可能是虛妄的呢？一個朋友對我說：名稱有虛假性，容易理解，車這個名稱是隨意的，如果開始把它叫作牛，那就是牛了；但是，你說那部具體的車也是虛假的，很難理解，除非你像魔術師一樣把這輛車變走，我就相信佛陀的話了。

當然，我不可能把車變走。佛陀在世的話，也不可能把車變走。因為佛陀所說的虛妄、所說的空，並非不存在，並非沒有。那輛車，確實在那裡，而且，此刻它確實屬於你。佛陀要告訴你的是，第一，廣告、銷售資料、銷售員的介紹以及車的外形、車的裝飾構成了一個影像，賦予了這輛車許多品質，比如高貴，比如優雅，等等，喚起我們許多想像和願望，以為擁有了這輛車，就可以達到什麼境界。這是一個幻覺。無論外在的裝飾和廣告裡的文字、畫面如何渲染，這輛車實際上只是一輛汽車，一輛裝著發動機的汽車而已。如果你沉迷於那種幻覺，你註定要失望。所以，你必須學習在享受這種幻覺的同時，把這輛車只是看成一輛車，沒有什麼附加的東西，那是你的想像。

夏天的天空，雲彩變幻出許多形狀，有的像小狗，有的像猴子，有的像宮殿，如果有人把這些小狗、猴子、宮殿當作是真的，那麼，大多數人會認為是一種愚癡。然而，在日常生活裡，我們常常把這些白雲蒼狗當作了真實的東西，卻並不覺得自己的行為是一種愚癡。

第二，這輛車之所以成為這輛車，以及成為你的車，是許多因素造成的。這輛車不可能自己成為自己，需要技術，需要工人，需要各種各樣的條件，相互配合，當因緣具足的時候，才能生產出這輛車。然後又需要其他的種種因緣，它才可能被你買到，成為你的車。只要某個因素改變了，這輛車，以及它與你的關係，就會改變。沒有什麼獨立的絕對的因素，使得這輛車成為一部這樣的車，成為你的車，是各種因素相互依存的結果。因此，當你把這部車只是看成一部車的時候，不要以為它是一個獨立的絕對的整體，而是一種組合，一種依賴各種因緣和合而成的組合。

第三，這輛車此刻確實是一輛車，是屬於你的車。但是，在接下來的每分每秒，它的零件都在老化，在變異之中。還充滿著許多不確定性，比如，車禍，比如你的經濟狀況，都可能改變目前的狀態。目前的狀態並不是一個常態。實際的情況是無常。這輛車存在於無常之中。因此，當你把這部車看成一種組合的時候，還要把它看成是一種動態的無常的存在。

這樣的觀察好像遊戲，然而，佛陀仿佛很認真地做著這樣的遊戲。因為，這樣的遊戲揭示了我們所追求、所迷戀的事物，其實非常「空洞」，非常「不可靠」，我們在擁有、享受的同時，必須摒棄對於它們的執著。如果我們執著，就註定失敗。所以，佛陀所昭示的「空」，並非消極的逃避，而是對於真相的勇敢承擔，從而在不可靠的存在裡找到可靠的、不變的東西。

惠能的頓悟

夏天的雲彩變幻出許多小狗、猴子，等等，一些人明白到這些小狗、猴子不過一個幻覺，是一個假象。然而，他們以為雲彩是真實的，於是，執著於雲彩。佛陀在《金剛經》裡反覆說明的是，只有放棄，只有不執著，才有可能真正得到。佛陀如此確切地說：若以色見我，以音聲求我，是人行邪道，不能見如來。試圖在各種形相、聲音裡去尋找如來，尋找覺悟的道路，是完全不可能的。佛陀提醒修行者，不要拘泥於形式，重要的是那個最基本的點，如果沒有對於「空」的領悟，即使每天向佛像禮拜，每天坐禪，其實，沒有什麼真正的益處。

就像一位中國禪師說的，磚塊怎麼能夠磨成針呢？如果你想要針，首先得改變磚塊的內涵，讓它變成金屬，否則，永遠是無用功。惠能對於《金剛經》的旨意領會得特別深刻，才會如此強調頓悟，很多人簡單地以為，頓悟，就不需要漸進的修行，一下子就覺悟。但實際上，惠能的頓悟，來自《金剛經》，針對的乃是形式主義的修煉，強調必須在當下，就捕捉到存在的真相，也就是領悟到空性，然後，形式就有意義。時時刻刻，修行者不能執著於各種修行的形式，而是應該向著存在的真相敞開，處於「空無」之中。

這是修行。如果運用到日常生活，我們要記住的是，任何時候，應當回到那個基本的點，回到那個真相，而不是把時間和精力，浪費在無謂的形式，以及形式營造的幻影之上。有些人熱衷於各種各樣的戀愛技巧，不停地追逐異性，但忘了一個根本的點：首先你必須找到你愛的，以及對方也愛你的人，那些技巧才有意義。所以，判斷力才是首要的，你必須要明白的，是誰才是喜歡你的人，你自己喜歡的是誰。如果有了相互的喜歡，那麼，所謂的技巧就沒有太大的意義。有些婚姻輔導專家不斷地教誨別人夫妻相處的藝術，然而，忘了一個基本的點，那就是，如果夫妻之間已經不相愛了，那麼，無論怎樣的相處藝術都是沒有用的，即使暫時學會了忍耐，那個真正的矛盾還在內部，始終會爆發。在男女關係裡，愛是一個你必須去清晰的真相，而不是約會，不是玫瑰，不是什麼結婚紀念日的燭光，不是情人節的甜言蜜語。這些都不重要，重要的是那個愛在哪裡。很多時候，我們活著，卻不願意去面對那個真相，只在形式、技巧的層面打轉。

婚姻之所以是一個問題，是因為人們不願意面對愛這個真相。為什麼不願意面對，是因為我們把願望當成了現實，當成了道德規範。愛得天長地久，白頭到老，是美好的願望。然而，就如張愛玲說的，所謂白頭到老之類的話，很悲哀，因為不可能。不過，我們仍然把這個願望賦予婚姻，漸漸地，婚姻這種形式變得牢不可摧。情感上是否仍然相愛，變得不重要了，人們滿足於婚姻這種形式。但是，當愛不存在了，無論形式如何完美，依然是個問題。因此，婚姻的問題，必須回到一個基本的點上，如果婚姻必須以愛為基礎，那麼，當愛不再存在，婚姻也就不再存在。但是，在中國以及一些東方國家，社會習俗把離婚道德化，以為離婚是一件負面的事情。無論怎樣，都要維持婚姻。結果，是催生了許多無愛的婚姻，催生了更多不道德的行為。

根本上，男女關係的真諦在於：彼此相愛。喪失了彼此相愛這樣一個基本的真相，不敢面對，還要維護神聖的婚姻，還要活在白頭到老的神話裡，結局只能是迷亂。

到處是迷亂的氣氛。比如股市。我的許多朋友在炒股票。不過，我的感覺是股票在炒他們。當股票上漲的時候，他們充滿興奮，相信會一直漲上去，而一旦下跌，他們又變得憂心忡忡，完全受制於股票的漲或者跌。但真正的高手，超然於漲跌之外，漲跌並不重要，重要的是漲跌的規律，如果明白了漲跌的規律，就不會受制於它。當然，還有最基本的真相，一個常識性的真相：無論什麼股票，有它的真正的價值，離開了這個基本的價值，瘋狂地漲或跌都不是真實的。所以，所謂的高手，其實只是不為眼前的那些漲跌所迷惑，他知道那個規律，知道那些股票的真正價值，因此，他不會被表面的漲跌所左右。

而許多人，在漲和跌的幻象裡尋求利益，最終只會失敗，因為關於漲和跌的預期，不是基於對於真相的把握，而是基於希望和恐懼。有一個詞語叫作「股市神話」，所謂神話，就是源於希望和恐懼，並非真相，而是我們內心希望什麼和恐懼什麼的折射。神話來自遠古時代，似乎是科技不發達的產物。但事實上，即使科技發達的今天，我們仍生活在神話的氛圍裡，股市裡彌漫著神話的氣息，其他領域也莫不如此。當過美國副總統的高爾最近拍攝了一部紀錄片，名為《不願面對的真相》，據說是關於環境保護的，我沒有看過影片，但很喜歡這個名字。是的，人類的許多心理問題和社會問題，都是因為不願意面對真相。

哭泣的牧羊人

我們生活在繁華的世界裡，到處是豐富的影像、物質和聲音，到處是林立的高樓和擁擠的街道，到處是宮殿一樣的購物中心。我們生活在其中，以為身處的一切都是理所當然。突然，一場突如其來的雪災，改變了一切。我們的車無法上路，無法從提款機裡隨時領到錢，無法上網，無法看電視，無法在夜晚泡酒吧……那個華美的聲色世界突然消失了，因為沒有電。僅僅沒有電，一切的熱鬧都消失了。我們所擁有的，原來如此脆弱。但這是真相：我們的文明所創造出來的繁華，那個美麗的世界，大自然一下子就可以讓它消失。一場雪災，或者海嘯，人類的生活即刻回到原點，回到農業時代，甚至回到洪荒時代。文明是一種虛飾。甚至，許多的所謂文明，是人類的慢性自殺。也許，這就是戈爾所說的我們不願意面對的真相。

我們不願意面對真相，我們願意活在夢幻裡。當自然災難把人類的生活還原到起點時，最能顯現我們的生活原來不過一場夢幻。明代作家張岱曾說：「雞鳴枕上，夜氣回方，因想餘生平，繁華靡麗，過眼皆空，五十年來，總成一夢。」生命不可重複，從誕生那一刻起，就向著死亡前行，每個階段所建立的東西，都在回憶裡，變成影像，似真似幻。而在佛洛德看來，夢是潛意識的洩露，潛意識裡希望的事情和恐懼的事情，都透過夢加以顯現。所謂希望和恐懼，其實是一個硬幣的兩面。

恐懼意味著我們害怕失去，希望意味著我們渴望得到。沒有得到的時候我們希望著得到，得到以後我們害怕著失去。因此，我們總是生活在希望和恐懼之中，因著希望和恐懼，我們的心造了許多幻象，然後我們為著這個幻象而勞碌。

我聽說有一個很吝嗇的牧羊人，養了很多肥美的羊。有一個狡猾的人想得到他的羊，於是，就對他說，很遠的地方，有一個很漂亮的女孩子，我幫你把她求來做媳婦。牧羊人一聽漂亮的女孩，就非常高興，給了那個人很多羊和其他的財物。過了不久，那個人回來，告訴牧羊人，你的媳婦已經生了兒子了。牧羊人突然做了父親，更加興奮，給了那個人更多的財物。又過了一陣子，那個人回來對牧羊人說，你的兒子不幸生病死了。牧羊人嚎啕大哭，他真的很悲哀，並不認為那個女孩子，還有他的孩子，其實是虛幻的。如果細細觀察我們自己，以及我們周圍的人，很多很聰明的人，也許會發現，我們實際上和這個愚蠢的牧羊人一樣，為著那些虛幻的東西在奔波、操勞。

所以，《金剛經》在最後，還是回到最眼前的事物，一切有為法，如夢幻泡影，如露亦如電，應作如是觀。你必須在當下，在任何一個時刻，覺知到這個世界的虛妄性。回到開頭，你可以猜猜，如果佛陀去參加那家人的滿月宴會，會說些什麼？會做些什麼？

第 9 課　正見使人心靜，偏見使人焦慮

當你面對這個世界，面對一切的事物，你應當沒有觀點，更確切地說，你應當把你腦海裡一切的觀點懸置，讓你的腦海空下來，讓存在本來的樣子顯現出來。

這是佛陀相對於其他一切思想家或宗教家的獨特之處，也是佛陀思想最具魅力的所在，或者說，佛陀思想的底子其實是徹底顛覆性的，對於語言背後的意識形態表示了完全的質疑，並把這種與語言密不可分的意識形態看作是囚牢。佛陀的所有努力，都在打破這個囚牢，把人從意識的束縛裡解放出來，回

到一種自在的狀態。

大多數人活在偏見裡而不自覺

有什麼樣的道德觀念，就有什麼樣的德行；有什麼樣的婚姻觀念，就有什麼樣的婚姻；有什麼樣的價值觀念，就有什麼樣的選擇。觀念支配著我們的行為。偏頗的行為必有偏頗的觀念，邪惡的行為必有邪惡的觀念。所以，改變偏頗的行為，首先要矯正各種偏見；改變邪惡的行為，首先要矯正邪惡的觀念。

在觀念層面上，最普遍的問題是偏見，大多數人活在偏見裡而不自覺。社會上的大多數問題，個人的絕大多數問題，都來自於偏見。何謂偏見？就是偏於一方面的見解，俗稱成見。偏見有時也指敵意，美國心理學家阿倫森是這樣界定偏見的：「人們依據有錯誤的和不全面的資訊概括而來的、針對某個特定群體的敵對的或者負向的態度。」

與偏見相對的，是正見。俗稱道理。所謂明白人，就是懂道理的人。很多時候，明白一個道理，比獲得物質上的支持更加重要。一個乞丐，我們佈施給他幾塊錢甚至幾百元錢，也許可以解決他一天或很多天的吃飯問題，但是，錢一花完，他還是要去乞討。如果我們教給他謀生的本領，以及新的生活觀念，也許可以徹底改變他的生活。對於貧困地區的說明也是如此，物質上的支持是必要的，當人們還在挨餓受凍的時候，第一要務是給予物資。但是，物質的援助並不能從根本上改變貧困的狀況。要想從根本上解決貧困的問題，還得靠教育，靠教育改變貧困地區人民的觀念和思維方式，新的觀念和思維方式會帶來全新的人生和命運。有一位美國學者曾經在印度做過田野調查，發現電視在鄉村的變革中起到了難以想像的作用，因為電視以鮮明的圖像展示了另外一個世界，以及城市的價值觀念。很多年輕人就是因為電視的影響，離開農村，到城市去尋找另一個世界。

因此，佛陀在講完《金剛經》的大概意旨後，對須菩提說，這部經有不可思議、不可稱量的功德，是為那些發菩提心的人說的，為那些追求最終解脫的人說的；如果有人能夠領會接受、讀誦，以教育的熱忱向大家解說，如來都清楚地看見並瞭解這個人，會得到不可稱量、無邊無際、不可思議的功德。接下來，反覆說明一個意思，就是無論你用多少寶貝去佈施，所得到的福德，都遠遠不如你受持、誦讀並為他人宣說《金剛經》，哪怕只是其中的四句偈。比如，最後一段：「如果有人用充滿不可勝數的世界的七寶來佈施，而另有善男子善女人發心尋求徹底的解脫，受持、讀誦，並且為別人解說這部經書，哪怕只是其中四句偈，所獲得的福德遠遠勝過前面那個人」。

佛陀說《金剛經》具有不可思議、不可稱量的功德，並非說《金剛經》這部經書具有神通的力量，放在身邊或者只是口中念誦，就可以消除災禍。如果這樣的話，就和江湖術士一樣，幫你的床換一個位置，或者幫你改一個名字，就可以改變你的命運。佛陀的學說完全不是這樣的，佛陀說《金剛經》具有不可思議、不可稱量的功德，指的是《金剛經》裡所闡明的道理，可以改變各種偏見，確立正見，然後，你因為正見而擁有不可思議的力量。

佛陀的意思是，如果你明白了這個正見，那麼，你的生命就整個的發生轉化。也許，你仍然貧困或富有，仍然面對許多困難，但是，你的心態和你處理的方法發生了變化，你的生命質地也發生了改變，像焦慮這種負面情緒，自然會離你而去。

佛陀的獨特之處

《金剛經》所講的道理，目的是要達到徹底的解脫，並不是為著這一世的，而是為著一個無限的存在、一個無限的整體的法則。那麼，這個法則是什麼呢？或者說，《金剛經》到底講了什麼道理呢？《金剛經》裡幾乎所有的地方都只說，你誦讀、受持、為他人宣說《金剛經》就能獲得不可思議的功德。只是在第二十八段，有些變化：**若菩薩以滿恆河沙等世界七寶持用佈施；若復有人知一切法無我，得成於忍，此菩薩勝前菩薩所得功德。**就是說，菩薩用無數的寶貝佈施，所獲得的功德，還不如明白「**一切法無我，得成於忍**」的道理。一切法無我，得成於忍。意思是一切的存在都不是絕對的，而是因緣和合而成，因此，我們看待一切的存在，都應該透過現象看到內在的真相，要讓我們的心不受各種現象的影響，而是安住於真相之上，如如不動。

這個道理歸納起來，還是三個字：不執著。因此，佛陀所說《金剛經》具有不可思議的力量，實際上，說的是如果你明白了並且實踐了不執著的道理，你的生命就會變得不可思議。但是，這個不可思議，並非神通，並非具有了特異功能，佛陀強調的，乃是這個道理會讓你的生命從一切的束縛裡解脫，變成純然的自由的存在。

這確實是一個不可思議的觀點，因為從古至今，一切的宗教和哲學都在宣導某個觀點，而宣導某個觀點往往意味著否定另外的觀點。只有佛陀，只有《金剛經》，在宣導一個觀點的時候，並沒有否定別的觀點，既沒有贊同什麼，也沒有否定什麼，只是說對於一切都不要執著，不要去攀附，不要去喜歡或厭惡。最具革命意義的是，佛陀所說的「一切法無我，得成於忍」，大意是一切的現象沒有自性，根本上都不生不滅。這個觀點，對於自身肯定的時候，同時也在否定，最終是既沒有否定，也沒有肯定。對於這個要求你「不執著」的觀點，你也不能執著。

如果說《金剛經》中的這個觀點也叫觀點的話，其實是「沒有觀點」，《金剛經》的觀點就是：當你面對這個世界，面對一切的事物，你應當沒有觀點，更確切地說，你應當把你腦海裡一切的觀點懸置，讓你的腦海空下來，讓存在本來的樣子顯現出來。這是佛陀相對於其他一切思想家或宗教家的獨特之處，也是佛陀思想最具魅力的所在，或者說，佛陀思想的底子其實是徹底顛覆性的，對於語言背後的意識形態表示了完全的質疑，並把這種與語言密不可分的意識形態看作是囚牢。佛陀所有努力，都在打破這個囚牢，把人從意識的束縛裡解放出來，回到一種自在的狀態。

盲人摸象的深刻啟示

為什麼我們在面對一切現象的時候，應當把一切的觀點都懸置起來，讓自己的腦海成為空的狀態？專門記錄佛陀故事的《六度集經》（三國時代吳・康僧會所譯出）裡，佛陀用了一個故事回答了這個問題。那時候，佛陀住在舍衛國祇樹給孤獨園，他的弟子有一次去城裡化緣，因為時間還早，就到另一個教派的講堂裡去閒坐。那個教派的門徒正在討論經書，讀到某一句時，大家的理解不一樣，開始還是互相說服，慢慢就有了火藥味，互相攻擊起來。

有人說：「我明白法的含義，你知道什麼叫法嗎？」

有人說：「我的解釋才合乎道，你講的不合乎道。」

有人說：「按我說的，可以實行；按你講的，只是空話。」

有人說：「你什麼都不懂，你是在胡說，我的就是對的。」

唇槍舌劍，你一句我一句，各不相讓，越爭越激烈。佛陀的弟子在旁邊聽著，怎麼也聽不明白誰是對的誰是錯的。過了一會兒，他們就出去了。回到佛陀的居處，他們把剛才看到的爭論場面告訴了佛陀。佛陀就說了一個「瞎子摸象」的故事。他說在很久以前，閻浮提洲有一位國王，叫鏡面王。鏡面王平時念誦佛經，智慧多得像恆河裡的沙子一樣。不過，他的臣民多數不讀佛經，卻相信一些邪教外道，就如相信螢火蟲的亮光，卻懷疑日月巨大的光明。於是，他下令召集一些瞎子，到王宮的廣場上來。

那些瞎子來到廣場上。鏡面王讓人把一頭大象牽到瞎子們的面前，瞎子有的摸到了大象的腳，有的摸到了大象的尾巴梢，有的摸到了大象的肚皮，有的摸到了大象的耳朵，有的摸到了大象的頭，有的摸到了大象的牙，有的摸到了大象的鼻子。這時，鏡面王問他們：「你們都看到大象了嗎？」

瞎子們回答：「看到了。」

鏡面王又問：「大象像什麼呢？」

摸到象腳的瞎子說：「大王聖明！像一個裝漆的竹筒。」

摸到象尾巴梢的瞎子說：「像一把掃帚。」

摸到象肚皮的瞎子說：「像一面鼓。」

摸到象背的瞎子說：「像一堵牆。」

摸到象耳朵的瞎子說：「像一隻簸箕。」

摸到象牙的瞎子說：「像一隻角。」

摸到象頭的瞎子說：「像一個大臼。」

摸到象鼻子的瞎子說：「大王聖明！大象像一根粗繩子。」

瞎子們在國王面前爭吵起來，都說：「大王，我說的是真的。」

鏡面王笑著說：「瞎子們啊！瞎子們啊！你們沒有聽說過佛經吧。」於是，他說了一首偈：

瞎眼的人爭來爭去，
都說自己是真的，
見到一斑就說別的不存在，
為了一頭象而相互慪氣。

沒有唯一的真理

這是大家都很熟悉的故事，然而，並非人人領會其中革命性的思想。在《金剛經》裡，我們可以看到，佛陀首先強調了觀念的重要，具有不可思議的力量，然後，他又說了一個非常有趣的觀點，那就是，你必須沒有觀點。為什麼你必須沒有觀點。用這個故事的說法是，存在（大象）是一個無限的整體，而每一個人都是有限的（瞎子），視覺、聽覺等等是有限的，你只能看到、聽到你能夠看到、聽到的。但在你能夠看到、聽到的以外，是無限的廣大。

因此，當我們面對存在的時候，當我們試圖作出一個什麼判斷的時候，我們必須要保持一種謙卑，一種對於不可知的整體性的謙卑。你可以作出任何判斷，你可以說出並遵行任何道理，但是，你一定要明白，這些判斷或道理，都只是無數判斷和道理中的一種，只是其中的一種，沒有唯一的真理，每一種都只是其中的一種。

想起另一個故事。有個人生活在一個很富裕的國家，好像什麼東西都不缺乏了。然而，還是不滿足，總是想著這個世界上一定還有什麼，是自己的國家所沒有的。於是，他上路了。走了很多地方，卻找不到自己國家所沒有的東西。就在他絕望的時候，突然發現市場的角落裡，站著一個人在賣東西，但是，他的手上和面前都是空的。他在賣什麼呢？於是走上前去問：你賣什麼呢？那個人回答：智慧。智慧？這倒是自己從未見到過的，又問：多少錢？回答：五百。於是給了五百金，得到的是一句被稱為智慧的話：遇事細考慮，不輕易發怒；今日雖不用，終當有用時。他不知道什麼時候有用，只是把它熟記在心，就回家了。

回到家裡，看到妻子的床前多了一雙鞋子。以為自己在外多日，肯定是妻子出軌了。一下子就生起惡念，拔出了隨身攜帶的匕首。就在舉刀的那一刻，突然想起那句用五百金買來的智慧，就把刀放了下來。揭開床幃，看到的是他的母親。原來妻子生病，他的母親特意來照顧。那個人情不自禁地自言：我母親的性命，加上妻子的性命，遠遠超過一萬兩金。五百金真是便宜。

這個人買到的，其實並非智慧，而只是一個道理。這個道理在故事裡有效地阻止了那個人犯錯誤。但是，到了另一個場合，如果還是墨守這樣一個道理，那麼，很可能促使那個人犯錯誤，比如，在突如其來的災難降臨時刻，需要的是本能的反應，趕緊逃跑，而不是「細考慮」；再如，面對某些暴行的時刻，就需要發怒，需要獅子吼，需要挺身而出。就像另一部經書裡說的故事，摩訶羅匆忙間撞進了人家的網裡，獵人告誡他：你太粗心，太慌張了，為什麼不會不慌不忙地爬著向前呢？於是，摩訶羅就按照獵人的話，慢慢向前爬行。結果，又遇到洗衣服的人，以為他是來偷衣服的，用大棒打了他一頓。

人類的思想史也是如此，沒有一種思想絕對是錯，或絕對是對，完全要看語境。愛因斯坦的相對論出現後，並不意味著牛頓的地心吸引力理論錯了。地心吸引力仍然存在。相對論只不過是一個新的發現。孔子的思想或柏拉圖的思想，也無所謂過不過時。人類的思想，似乎不是一個新的取代舊的過程，沒有什麼新和舊，也沒有什麼對或錯，只是一個不斷發現的過程。因此，任何一種說法，都只是一種說法。你可以相信或遵守，然而，你不能執著於它，不能讓它束縛著你。因為在任何一種說法之外，是更廣大的存在。

因此，當佛陀講完經，並為這部經書命名為「金剛般若波羅蜜」後，突然問了一個非常奇怪的問題：須菩提，你認為如來有沒有講經說法呢？這真是一個奇怪的問題，佛陀在前面講了那麼多的道理，難道不是在說法嗎？更奇怪的是，須菩提回答：如來並沒有說法。這個答案顯然得到佛陀的認可，因為接下來，佛陀說自己在燃燈佛前沒有得到無上正等正覺的法。再接下來，佛陀甚至說：假如有人認為如來有所說法，就是毀謗佛，就是沒有理解我所說的真正意思。因為說法的人沒有什麼法可以說，只是姑且叫做說法而已。

另有傳說，佛陀在涅槃前說：我住世六十四年，未曾說一個字。那麼多「如是我聞」的經書流傳了下來，但是，佛陀說，我未曾說過一個字。當佛陀說自己未曾說一個字時，他只是在表達一個意思：我並沒有告訴你一個什麼法門，可以讓你得到徹底的解脫，更沒有宣導什麼固定的概念或道理，讓人們去固守；我所能夠做的，只是在引導，引導你保持一顆開放的心，走向自由和自在，用最通俗的話，引導你向存在敞開，向無限的真相敞開。

不要迷信別人的經驗

因此，不要相信有什麼訣竅。這個世界沒有訣竅可言，恰如它的沒有道理可言。滿街望去，《股票致勝術》、《白手起家訣竅》、《億萬富翁發跡史》、

《如何做一個受歡迎的人》、《100 種賺錢方法》、《人與人相處的技巧》……琳琅滿目，應有盡有，凡是人們想得到的，似乎都有門道可尋。

然而，仔細想想，如果股票的走勢真的能夠精確地預測，如果發財的方法真的能夠總結並像公式一樣到處運用，如果真的有所謂的人際交往技巧，如果成功真的有所謂的規律或經驗可言，那麼，人人可以學而用之，人人可以達成自己的願望，人與人之間的隔膜、衝突、緊張、爭鬥、仇恨也可以化為烏有，世界一片溫馨。問題是，誰曾見過這樣的世界？

有人說，美國大富翁克魯格的成功，在於他的賭性極重，敢冒風險，但是，敢冒風險的人全世界比比皆是，成為數一數二的大富翁卻只有克魯格一個。有人說，迷狂的精神狀態是某某成為一流藝術家的關鍵，這對於某某來說也許是對的，但是，你要知道，另外有許多精神迷狂的人，卻只不過是瘋子而已。

人們常常將一些所謂的成功例子無限地誇大，其實，只要略加思索，便可以找到許多反其道而行卻照樣成功的例子。通向羅馬的路不止一條。你可以熟讀乃至熟背王永慶、李嘉誠等的發跡史，以及他們的處世手腕、經商策略，但最大的可能是，你永遠不能成為王永慶、李嘉誠。任何一種在特定時空中對於某人有效的做法，在另外的時空對於別人可能一無是處，儘管目標相同。

所以，世界卓越的股票投資家彼得・林區在忠告股民時有一條：不要相信股評家和華爾街的所謂金融專家。魯迅也告誡想成為作家的年輕人：不要相信小說作法之類的書。學會用你自己的心去感受這個世界，學會用你自己的眼睛去觀察這個世界，你所體悟到的一切，才能成為智慧，為你捕捉到真正屬於你自己的那一種追求以及成功。

為什麼要讓別人定義你的成功呢？

關於成功，我想起作家三毛小學時代的一件事，老師出的作文，題目叫「我的理想」，所有同學都說自己的理想是科學家、藝術家之類，只有三毛說我的理想是做一個撿垃圾的流浪人。老師覺得是很嚴重的事，找三毛談話，反覆告訴她這個想法是不對的，無論做什麼，總之，就是不能去撿垃圾，不能去流浪。

我小時候也寫過很多《我的理想》之類的文章，現在的小孩還在寫。所做的理想的夢大概都差不多。所謂我們自己的理想，其實並不是我們自己的，而是這個社會以教育等各種方式，賦予我們的，甚至是強加給我們的。在我們很小的時候，我們就已經被告知我們應當有什麼樣的理想。也就是說，很多時候，我們的很多觀念、很多思想，其實並不是我們自己的，而是社會的成見。很多時候，我們在說話，並不是我們在說話，而是話在說我們。所有的語言和文字，都是社會意識的積澱。我們本來是一張空白的紙，但出生以後，就不斷地被教育成社會所期望的那種人。比如，在中國，你從小就被要求成為一個成功的人。

成為一個成功的人。這是一個信念，許多人秉持著這樣一個信念在努力工作，一輩子努力，只是為了成功。

但是，如果你問那些追逐成功的人，到底什麼是成功？可能有成千上萬個答案，這個人心中的成功是買一套別墅，那個人是獲得一個工作，另一個人是考上大學，諸如此類，即使同一個人，不同的人生階段，成功的含義也不一樣。在大學畢業時候，獲得一個什麼職業就是成功了，但到了一定時候，當上什麼職位才是成功，又或者，賺到一百萬才是成功，再過一段時間，賺上一千萬才是成功，再過一段時間，可能覺得錢不重要了，獲得什麼榮譽才是成功，等等。每個人在追求成功的路上，不斷地在調整目標。

因此，成功只不過一個變幻著的概念，一個不確定的東西，然而，這個並不確定的概念卻具有強大的力量，主宰著我們許多人的生活，控制著我們許多人的生命方向。這個概念是否虛幻並不重要，重要的是我們大部分人把它看成是實在的。因著這個概念，人們把生活區分了兩種形態：成功的與失敗的。這種分別意識滲透到我們生活的每個細節，影響著我們的心境。我們認為買得起別墅，就是成功的，那麼，買不起別墅就是失敗的；我們認為考得上大學，就是成功的，那麼，考不上大學就是失敗的；我們認為能夠從處長晉升為局長是成功的，那麼，晉升不上就是失敗的，等等。

像三毛這樣的人，也許真的覺得做一個流浪者很快樂，也有許多人覺得做一個門衛很快樂，住在簡單的房子裡很快樂，走路上班很快樂……但是，在中國，社會的成見規定了這是失敗的生活。大家認為他們不會幸福。因為大家認為不會幸福，因此，即使那個人真的喜歡流浪的生活，他也必須有勇氣去承擔這種幸福。大多數都會放棄自己喜歡的，而去追求社會認為成功的。這就是為什麼那麼多的所謂成功人士，有著心理上的疾病，比如焦慮，比如憂鬱，甚至精神病。

生命的形態，其實像自然界的花草，各有各的形姿，各有各的韻味，但是，成功與失敗的概念，是把自然的生命形態以及相關的生活方式，作出了高下優劣的區分。因為這種區分，許多人壓抑了自己真正的喜悅，把所有的精力用在了追逐社會認可的成功之上，到一定時候，無論成功或失敗，都會開始憂慮。

所有的觀念都是偏見

當佛陀說，說法者無法可說。他是在堅決地摒棄一切的概念，因為一旦說出，就是概念。而所有的概念，都是一種束縛。概念封閉了真實的存在。比如，生命的形態，有著無限的生動和色彩，並非成功與失敗這一對概念可以包含。然而，大多數人，因為從小受到教育，關於成功的教育，因此，一生都在成功與失敗這對概念裡打轉，而喪失了生命更廣大的喜樂。不僅僅只是成功與失敗的概念，再比如，健康的概念，美麗的概念，婚姻的概念，等等，一切的概念，以及以概念為基礎的各種觀點，構築了一道道的圍牆，把生命封鎖在某個空間裡，而牆的外面是溪流，是樹林，是花朵，是山峰，是天空，是大地……

做一個科員，並不意味著你會喪失生命的喜樂，但是關於成功的概念，會讓你覺得升不上科長生活就沒有了意義。考不上大學，其實還有無數的發展機會，但是，關於成功的概念，會讓你覺得上不了大學前途變得一片灰暗，等等。生命的各種形態，以及各種的生活方式，本來並沒有高下優劣之分，每一種形態，每一種方式，你都可以享受到天空和陽光，都可以享受到四季的律動，都可以享受到時光流轉裡的光與影……

生命本身或生活本身並沒有什麼成功失敗之分，是成功與失敗這樣的概念使得生活有了成功和失敗之分。一個人做著門衛或園丁，他自己覺得很悠閒、很愜意，但是，人們不斷地向他傳遞這樣的資訊：你是一個男人，是一個有學歷的男人，做門衛或園丁是很失敗的。然後，那個人就會覺得自己很失敗，會產生焦慮，會尋求著更好的發展。其實生命本身的喜樂，與門衛或公司總經理之類的職位，沒有什麼關係，但是，成功與失敗的概念使得門衛有了失敗感。

如果那個人明白自己已經在門衛或園丁這樣的崗位上獲得真正的喜樂，或者明白到生命的喜樂與職位沒有什麼關係，並且有足夠的勇氣和毅力，那麼，他就會完全不理會別人的說法，也就不再費盡心機鑽營，謀求更好的位置，而是仍然按照自己的生活方式生活，順其自然而已。如此，他活得很自在。

再比如，關於離婚，其實並不負面，也不可怕。因為如果婚姻基於愛，那麼，愛不在了，婚姻就應當結束；如果婚姻基於功利，那麼，功利得到以後，婚姻也會結束。因此，無論基於什麼，離婚都是婚姻的一種自然狀態，本身無所謂好壞。但是，可怕的是，社會上形成了關於離婚的一套話語體系，把離婚看成是一個可怕的事情，是負面的事情，是應當盡一切可能避免的事情。

有一個女人去做心理治療，說她的丈夫粗暴地對待她，完全不能溝通。怎麼辦？心理治療師的答案是，你不要去責怪你的丈夫，不要指望著他去改變，而要反省自己做得不夠好，要使自己做得更好。這樣的治療師完全拘泥於「離婚是負面的」這樣的流行觀念，所開導的，是要人們隱忍。為著這樣一種觀念，隱忍著，然後許多人變成了憂鬱症、精神病。透過壓抑、克制，並非徹底的治療，徹底的治療是認清真相，然後，基於真相選擇繼續維持婚姻還是結束婚姻。

因此，當佛陀說，說法者無法可說。他的意思是，所有的概念以及由此而來的觀念，都是偏見，都是對於生命的束縛，當我們活著，在每一個時刻，都要放棄一切的概念和觀念。一朵花，就如此盛開著，是人類賦予了許多概念在它之上，比如牡丹花，比如鮮紅，比如美麗，比如動人，等等，佛陀並不否認這些概念，他只是引導我們不要專注於這些概念，不要以為這些概念就是花的存在，而是要直接去觀看花，不要說它是紅的，也不要說它是鮮豔的，全然地看著它，感受它。甚至，這是一朵花這樣的念頭也要摒棄，只是一種存在，一種你能夠看到的存在。你的心與它的形態，相互之間全然地敞開。

當我們看到一個人，不要先急著給予他一個概念，比如他是個河南人或北京人，他是個商人，諸如此類。因為每個概念背後，都是社會形成的一套觀念、判斷，比如河南人與欺騙，北京人與誇誇其談，商人與唯利是圖。如果你先有概念，就意味著你已經先接受了一種判斷，一種來自別人的判斷。因此，你應當空掉所有的概念，只是全然地面對這個人，他不是什麼，他只是你當下看到的存在，你全然地，沒有任何成見地，去面對他，然後，你自己的心會告訴你他是什麼。

第10課　不要活在自我的牢籠裡

佛並沒有說「我」不存在，佛只是進一步看到，所謂「我」，是一個假名，所有的「我」都是五蘊和合而成，都是有生滅相續的假象。當佛陀說，你要回到你自己，那個自己是去掉了假象的自己，是如如不動的自己，安住在真如中的自己，不受煩惱侵襲的自己。

佛陀的基本思想，就是這四句話

不取於相，如如不動。這是《金剛經》所描述的最高的境界。最典型的例子，是在遭受別人割截自己身體的時候，沒有任何的怨恨，沒有任何的憤怒，只是很平靜地承受。這是佛陀在前生做忍辱仙人時候的真實遭遇。

那時，他在林中禪定。歌利王帶著一群宮女到樹林裡遊玩，吃過東西後，歌利王睡著了，宮女們發現了禪定著的忍辱仙人，不知為什麼，受到吸引，便圍坐在他的身邊。仙人便向他們講慈悲和忍辱的道理。宮女們久久不肯離去。歌利王醒來後，發現宮女們專注地聽著仙人在講法，不禁大怒，氣勢洶洶地問仙人：「你在幹什麼？」仙人回答：「我在修習忍辱，實行慈悲。」歌利王就說：「那我試試你的道行有多高。我要用我的劍，削掉你的耳鼻，砍斷你的手腳，如果你還不發怒，我就相信你在修習忍辱。」然後，歌利王開始用劍去割截仙人的身體，看著仙人很平靜，便問：「你的心還沒有動搖嗎？」仙人回答：「我在修持忍辱和慈悲，內心怎麼會動搖呢？」

這是如如不動的最高典範。《金剛經》裡提到這段故事，並解說佛陀當時為什麼能夠平靜承受，不起一點的嗔恨心，那是因為佛陀在那個時候「無我相、無人相、無無壽者相」。「我於往昔節節支解時，若有我相、人相、眾生相、壽者相，應升嗔恨」。

看來，無相是關鍵。只有修習到「無相」的境界，解脫才是可能的。只有無相的境界，才有可能使得我們超越肉身的限制，回歸到無限的深邃和廣大。而無相的關鍵，其實是無我。所謂人相、眾生相、壽者相，根源都在於有「我」，就像老子在道德經裡說，假如沒有我這個身體，那麼，還會有什麼煩惱和恐懼呢？

因此，要達到解脫，必須要「無我」。「無我」在佛教裡，是三個基本原理（三法印）之一，其他兩個分別是：無常，涅槃。也有四法印的說法，加了一個苦諦。簡單地說，佛陀的基本思想就是四句話：諸行無常，諸行皆苦，諸行無我，涅槃為永寂。大意是所有事物的運行都是有生有滅的，都是無常變化的；各種事物的運行帶來的埋下的都是苦的種子；各種事物的運行並沒有一個確定的主體；只有超越生死輪迴安住寂靜才是最終的解脫。

關於無常，關於苦諦，關於涅槃，都比較容易解釋和證悟，比較難的是「無我」。據說，唐朝著名的居家修行者龐居士聽某和尚講《金剛經》，講到「無我」、「無人」時，他起來提問：「座主，既無我無人，是誰講誰聽？」是的，如果說無我，那正在講和聽的人是誰呢？就如此刻，正在電腦上打字的人是誰呢？

關於「無我」的修習，也許正是從「我是誰」這樣一個問題開始（存在主義把這個問題加上「我從哪裡來？要到哪裡去」當作是存在的根本問題）。所有人覺得我就是我，是理所當然的，不用懷疑的。但是，如果我們靜心思考，可能會發現，我是誰？實在是一個難以解答的問題。一個大學生問哲學老師：「有一個問題使我苦惱，怎麼說呢，有時候我覺得我並不存在。」哲學教授反問了一句：「誰覺得你不存在？」學生回答：「我覺得。」馬上就逃跑了。

奇妙的無我之境

有一則網上流傳的貼文更加有意思：

女人認為自己過得很不如意，於是她自殺了。她準備進入天堂的時候，一個天使攔住了她。天使問她：「你是誰？」

「我是瑪麗．布萊克。」

「我沒問你的名字，我問你是誰？」

「我是老師。」

「我沒問你的職業，我問你是誰？」

「我是傑克的母親。」

「我沒問你是誰的母親，我問你是誰？」

「我住在松樹街二十八號。」

「我沒問你住哪，我問你是誰？」

……

最後瑪麗決定回到人間尋找「我是誰」這個問題的答案。

這段對話源自南傳佛教典籍《彌蘭陀王問經》，幾乎是那先和彌蘭陀王對話的現代版，那先問彌蘭陀王：「什麼是那先？你認為頭髮是那先嗎？」然後他依次問了身體的各個部分是不是那先，彌蘭陀王都說不是，那先就說：「我問得這樣仔細，都沒有發現任何那先，因此，那先只是一個空洞的聲音。」非常有趣地說明了「我」並不是一個實在的主體，只是一些名色的組合。這是從無常的角度看「我」只不過名色的因緣和合，並非一個絕對的實體。在絕對的意義上，這個我其實並不存在。

而在南傳佛教典籍《雜尼迦耶》裡，佛陀還從苦諦的角度說明這個身體其實並不是「我」：「身體（色）不是我。如果身體是我，身體就不會陷入苦，人們就可以說，『讓我的身體這樣，讓我的身體那樣。』可是身體不是我，所以身體陷入苦，人們不能說『讓我的身體這樣，讓我的身體那樣』。」依此類推，受、想、行、識也都不是我。最後，心也不是我：「如果無知的人將四大元素的產物——身體認作我，也強於將心認作我。為什麼？人們看到這個四大元素的產物——身體存在一年、兩年、三年、四年、五年、十年、二十年、三十年、四十年、五十年、一百年甚至更長。而我們所謂的心、意和識，日夜消長，此起彼伏，猶如林中跳躍的猴子，抓住這根樹枝，放掉那根樹枝。」

佛陀的意思非常清晰，他所說的無我，並非說沒有這個我，並非說站在前面的那個人不存在，也並非說他自己不存在，而是說，無論是那個「我」，還是這個「我」，實際上都是不確定的，總是在變化之中的。因此，我們不要執著於由五蘊組成的那個自我。又回到了《金剛經》裡的基本點：不執著。

一念向善，你就是佛

佛陀在許多地方說，你要回到你自己。有一個故事說，一幫年輕人在林中追一個逃跑的妓女，正好遇到佛陀，佛陀問他們在尋找什麼，他們說在尋找一個妓女。然後，佛陀就引導他們：為什麼不去尋找你們自己呢？在《長尼迦耶》裡，佛陀對阿難說：「你們要以自己為島嶼安住，以自己為庇護，不以別人為庇護；以法為島嶼，以法為庇護，不以別人為庇護。」

但在《金剛經》，以及其他的許多經書裡，又說「無我」，是否是一種矛盾？如果我們貫通了佛陀前後的教誨，就會發現，並不是矛盾，而是同一個意思，從不同的角度去說。佛陀在《金剛經》裡說：如來說有我者，則非有我，而凡夫之人以為有我。佛並沒有說「我」不存在，佛只是進一步看到，所謂「我」，是一個假名，所有的「我」都是五蘊和合而成，都是有生滅相續的假象。當佛陀說，你要回到你自己，那個自己是去掉了假象的自己，是如如不動的自己，安住在真如中的自己，不受煩惱侵襲的自己。

當佛陀說「無我」，是在提示我們，我們所執著的那個我，其實不是真正的我，只是一個有生有滅的「臭皮囊」，只是一堆不斷積累起來的「習見」（「常見」的意思）。我們以為身體是我們自己的，因此，不斷地努力滿足身體的愉悅。身體引起的感覺，主宰著我們的生活。比如冷了我們要穿衣服，餓了要吃飯，等等。還有各種意念、看法，指引著我們生活的方向。因此，每個人實際上都生活在由身體和觀念構築的牢房裡面。

但是，身體只是一個身體，一個不斷衰老直到死亡的形體。僅僅死亡，足以證明它不是理所當然，也非絕對，更非永恆。因此，為著滿足身體的需要所作的努力，有一個適當的度，如果生活的目的，全然為著滿足身體的需要，那麼，自我就成了身體的奴隸。名聲之類似乎是比較超越性的東西，但是，如果你以為你的名聲或職位，就是你自己，也註定會失望。因為，名聲、職位建立在別人的看法之上，你自己無法左右。當職位不再或名聲消退的時候，就是無邊的煩惱和痛苦。至於觀念，更非我們自己具有，而是社會透過家庭、學校等賦予我們的。

我們大部分人，一輩子就在自己的身體所需要的，以及自己的名位上，以及無數的觀念、意念上打轉。許多人的生活看起來很舒適，別墅、地位、榮譽，諸如此類。然而，往往是豬圈式的生活。空洞、無聊、煩惱，佔據了心靈。所以，佛陀說，要回到你自己，回到那個不受身體、名位、觀念束縛的自己，那個在當下向著無限敞開的自己。

那個身體還在，當割破了指頭，還是會痛；那個職位還在，那些觀念還在。你感覺到那個痛，但同時更觀照到那個痛；你處於那個職位，但同時更觀照到那個職位；你每一個念頭產生時，你都會覺知到，都會觀照到。這樣，你不會完全服從於你的身體、你的觀念，也不是要泯滅你的身體和觀念，而是把他們放下，放在大自然之中，放在一個無限中，讓它們返回到根源上，返回到整體性之中。我是我，同時，又不是我，所以，我是我。

佛陀用「無我」的說法，啟發我們可以從自身抽離出來，從一個更遠更廣闊的角度來觀照自身。《金剛經》裡說到如來有肉眼、天眼、慧眼、法眼、佛眼。所謂五眼，是觀照的方法，是如何從自我的界限，漸漸擴大，讓自我回到本原之中。

佛陀並非有什麼神通，並非借助什麼神力，而是憑藉自己的觀照，看到了我們一般人看不到的東西。如果你能夠禪定，能夠證悟到存在的空性，能夠發願普度眾生，那麼，你也能像佛陀一樣，什麼都看到，什麼都能夠知道。

特別附錄

明朝憨山大師解讀《金剛經》的本源

金剛般若波羅蜜經

金剛二字，解者都以堅利能斷為義，此泛說也。然西域實有金剛寶。此寶最堅不可壞，且能壞一切物。謂取此寶以喻般若，能斷煩惱。此雖近理，總非佛意，特尋常宿習知見耳。

蓋般若，此云智慧，乃是佛的心，所謂佛智慧也。波羅蜜，義云到彼岸，乃指此心極盡處也。今題云金剛般若波羅蜜，標此經所說，特顯佛一片金剛心耳。且金剛心乃佛修因證果之本心。今出世教化眾生，全用此心。今教菩薩以金剛心為本修因，為入大乘之初門，故特示之以斷疑也。以此心不是世間眾生常情，故舉世不能知佛。且佛原不是世間人，而今平空走到人間來，則人人見而生疑矣。及其日用行事，件件不與人同。說話不同，規矩不同。事事法法，與世間相反，故動而見疑。宜其諸天魔王皆欲害，調達阿闍皆要殺，而一切人皆生謗也。故曰：我出世間，一切天人阿修羅外道魔王，皆當驚疑，是也。不但天人生疑，即弟子中上首如迦葉等，舉皆疑佛。以所說法，乍空乍有，乍是乍非，或贊或斥，或獎或呵，全無一定之言。而諸弟子，聞者皆疑而不信。故曰，將非魔作佛，惱亂我心耶？上首尚乃如此，則新學可知。以佛所說法，難信難解故。然佛出世，一番說法，則今已三十年矣，弟子猶且懷疑而不信。是則佛之含冤，蓋已久矣。今日幸喜空生，有些見處，窺見世尊一斑，忽生讚嘆。故世尊因其疑而決破之。乃披露自己一片金剛真心，表白與他，使其了悟不疑。今諸聞者，群疑頓斷。故此經，乃佛的示自心，以斷弟子學佛者之疑。不是說般若能斷眾生煩惱也。如其不然，但看經中一一皆是空生之疑，疑佛之心。佛表此心以破彼疑。何嘗說以智慧斷眾生煩惱耶！故此經題，單是法，非以喻也。但斷得弟子疑，就斷得眾生煩惱。此經一味只是斷疑生信為主。以學道之人，以信為本，以疑作障。故疑有三種：謂疑人、疑法、疑己。疑人謂認人不真。即如弟子聞佛說色身法身，大身小身，不知那個是真佛。此疑人也。且其說法，方才說有，卻又說空。方才說空，卻又說不空。以其言不一，故最可疑。此疑法也。或有聞而能信，不疑於法。又見其法大，則疑自己根小，不堪領荷，不能修行。此疑己也。今此經中，三疑都有。佛隨空生所疑處，即便逐破，頓斷彼疑。所謂疑悔永已盡，安住實智中。此經之旨也。

此經，此方解者極多，都不合佛意。獨西域天親菩薩，以二十七疑分經，極是。但意出於聖人，而論傳此方，已經翻譯。且譯人有巧拙不同，言不達意，反生滯礙，使學人難省。此微妙幽旨，非口所宣，一落言銓，便成渣滓。況著粗浮文字，何以達妙！此注述之難於描寫佛心，不無救轝之醜。即如世人作行狀，但可述事，不能傳神。此其難也。故今決疑解，妙在先得空生之疑為主。若疑情全露，則佛破疑之說，不待解而自明矣。故此解先出疑，在本文之前。節節按跡而破之。忘言領悟，自得其宗。

如是我聞：一時，佛在舍衛國祇樹給孤獨園，與大比丘眾，千二百五十人俱。

■解：此是佛住世說法儀式。諸說備釋，此不繁衍。

爾時，世尊食時，著衣持缽，入舍衛大城乞食。於其城中，次第乞已，還至本處。飯食訖，收衣缽，洗足已，敷座而坐。

■解：此是佛住世家常過活。日用處動容，與眾一般，更無別奇特。只是就裡一點，與人不同，知之者希。

時，長老須菩提在大眾中，即從座起。偏袒右肩，右膝著地，合掌恭敬而白佛言：「稀有，世尊。」

■解：如來住世日用尋常，與人一般。就裡一點不同處，人人對面不知。今日忽被空生勘破。故嘆曰稀有！嗟乎！如來與諸弟子，周旋三十年矣，一向不知佛行履處。不知，故作等閒放過，只道與眾人一般。所以凡佛所言，多疑而不信。若不是空生覷透，則終無知佛者耶。

「如來善護念諸菩薩，善付囑諸菩薩。」

■解：此空生嘆佛稀有處。正是親見如來此一片苦心也。菩薩乃學佛之弟子。即昔在小乘中，初發大乘心者，乃空亂意菩薩也。一向佛為護念此輩，更無別意，只是要付囑此心耳。護念者，以佛出世本願，只欲令一切眾生與佛無異，人人成佛，方盡此心。但眾生德薄垢重，心志怯弱，不能擔荷。如嬰兒一般。佛如慈母之護念嬰兒，則無一息放下。種種周悉，謂護愛念。故如保赤子。所謂護念，只欲一切眾生直至成佛而後已，故曰付囑。然不敢明言，但密密方便而將就之，故曰善。經云：我以無量無數方便，引導眾生，欲令一切眾生，皆悉到於一切智地。是謂護念付囑。

「世尊，善男子、善女人，發阿耨多羅三藐三菩提心，云何應住？云何降伏其心？」

■解：此空生特問安心之法也。以初在小乘時，單肯自度，不肯度生。故心小。今蒙如來二十餘年，多方淘汰，激起度生之心，故名大心眾生。為菩薩。要令下化眾生，將以上求佛果。此輩自肯利生，故曰發菩提心。此空生已信佛心矣。但見初發大心菩薩，未悟實相真空，與前所取偏空，二者難辨。以前小乘涅槃，可以取著安住其心。今既舍前空，而未得真空。所謂進無新證，退失故居，名空亂意。以一向執著名言，習氣未忘，要有住著。又執著一定有佛果可求，將謂求至佛果，便是住處耳。且要上求佛果，必欲下化眾生。眾生度盡，方得成佛。而今滿眼看見三千大千世界眾生無量無邊，幾時能度得盡！眾生不盡，如何得成佛果。以求住之心急，故此心不安，不能降伏。故空生特為請安住其心，降伏其心之方法耳。然空生已見佛心而嘆稀有矣，且開口單問此二語者，何也？以眾心各謂世尊今日是已成之果矣，故我見世尊如此日用安心自在。即今初發心求佛果之人，其心不定，當如何安住，如何降伏耶？此問意也。安心者，如二祖侍達磨，乞安心法。磨云：將心來與汝安。祖云：覓心了不可得。磨云：與汝安心竟。然在祖師門下，一言便了，所以為宗。今世尊便說了許多安心之法，婆心漏逗，所以為教到底只是個覓心了不可得。故四祖以前，皆以楞伽印心。至黃梅六祖，皆以金剛印心。故此經文非文字相，不可作言語文字看，全在離言之妙。其經中，凡言於汝意云何，皆反征其疑也。以眾心隨語起疑，雖未吐露，而心已動念，謂之意言分別，正是名言習氣耳。

佛言：「善哉！善哉！須菩提，如汝所說，如來善護念諸菩薩，善付囑諸菩薩。汝今諦聽，當為汝說。善男子、善女人，發阿耨多羅三藐三菩提心，應如是住，如是降伏其心。」

■解：空生所問。意謂發心菩薩，不得似佛這等安心自在，將謂若求作佛，必須像佛日用行履一般，方才是佛。我觀佛心如此安閒，而菩薩心不得安住，如何降伏使心安耶？佛答意云菩薩要求心安作佛，不必別求，只如汝會得我護念付囑之心，其心自安，亦不必別樣降伏。故云如汝所說，但得心安足矣，更何降伏耶！只當如此而已，故云如是。

「唯然，世尊。願樂欲聞。」

■解：唯然者。空生直信佛心無疑矣。已見佛心似不必說，但諸菩薩未領其旨，更欲樂聞也。

佛告須菩提：「諸菩薩摩訶薩，應如是降伏其心。」

■解：此佛指示安心之方法也。義在下文。前問安住降伏二事，今只許說降伏，不言安住者，以凡夫二乘，一向執著住處，此名言習氣也。今趣進大乘者，先要遣此習氣。以眾生涅槃，俱非實法，皆不可得，但以名言為體耳。名言既舍，習氣頓空。其心不待降伏，而自安恬寂滅矣。故但教降心，不言其住者，恐引習氣。所謂狂心不歇，歇即菩提。但盡凡情，別無聖解。佛不以實法系著於人，故不言住。

「所有一切眾生之類，若卵生，若胎生，若濕生，若化生；若有色，若無色；若有想，若無想，若非有想，若非無想，我皆令入無餘涅槃而滅度之。如是滅度無量無數無邊眾生，實無眾生得滅度者。何以故？須菩提，若菩薩有我相、人相、眾生相壽者相，即非菩薩。」

■解：此世尊直示安心觀法也。然菩薩發心，所求者佛果，所化者眾生。二者而已。所以於心不安者，以未見眾生如故。滿目都是眾生，何時方得度盡。眾生不盡，則佛果難求。轉見長遠，因此其心不安。而汲汲不休，故求降伏此心。今佛教以度生之方，以觀察無我為主。且菩薩所見眾生之多，難盡度者，以有我相，則見人相。人人相對，則三千界內眾生何限！且生生不已，宜怖其難盡也。殊未見眾生本自如如耳。然眾生雖多，總十二類。縱有無量，亦只十二。就十二類一一觀之，收於胎卵濕化四生而已。四生之內，不過色心二法而已。在色則不過有色無色，論心亦不過有想無想。縱到極頂，則止於非有非無。如此十二，則盡眾生界矣，又何多耶。況十二類，名為眾生。眾生色心，本是假合。既為假合，則眾生本無。眾生本無，但妄見有。苟以本無而觀眾生，則眾生本自如如。眾生既如，俱成寂滅。即此盡皆令入無餘涅槃矣，又何難哉。淨名云，一切眾生畢竟寂滅，不復更滅。如此滅度無量無數無邊眾生，其實無一眾生得滅度者。何以故？本無我故。以有我則有人，有人則有眾生壽者。但有此四相，則不名為菩薩矣，何言度生。是故菩薩度生當觀無我。無我則無人。既無我無人，則眾生界自然寂滅。眾生寂滅，則佛果非遙。又何怖其長遠耶。是故菩薩當觀無我。下文云：知一切法無我，得成於忍，此真菩薩也。

■解：佛教菩薩度生，以佈施為本。其所施者，皆眾生也。今眾生皆空，則所作佈施，誰為受者。故下文答云，菩薩佈施，不必著眾生相。

「復次，須菩提，菩薩於法應無所住，行於佈施。所謂不住色佈施，不住聲、香、味、觸、法佈施。須菩提，菩薩應如是佈施，不住於相。」

■解：此破著相之疑也。空生因聞眾生皆空，則疑。謂眾生既空，則菩薩佈施，無有受者。以六塵非有，眾生本空，故云應無所住。此教不可著眾生塵相也。又伏疑云：若不住相，何以有福？故下答以離相之福更大。

「何以故？若菩薩不住相佈施，其福德不可思量。須菩提。於意云何？『東方虛空可思量不？』『不也，世尊』『須菩提，南西北方、四維上下虛空可思量不？』『不也，世尊。』須菩提，菩薩無住相佈施福德，亦復如是不可思量。」

■解：此破著相之疑，示以離相妙行也。然菩薩佈施，專為求福。若求福之心著相，則福不大。故世尊權指離相之福更大，使其安心。然著相佈施，局於有相。而眾生之相，一微塵耳。縱能獲福，其福幾何！今若正施眾生時，不見有施者受者，亦不見有所施之物，如此三輪皆空，無相可住。不住相之福，其福不可思議矣。故以虛空喻之。

「須菩提，菩薩但應如所教住。」

■解：此結示安心之法也。前問心不能安住，故須降伏。世尊教以降伏之方，只是以觀無我為主。無我則無人，人我兩忘，則自心寂滅。自心寂滅，則一切眾生皆寂滅矣。眾生既寂，則佛不必求。此則馳求心息，取捨情忘，內外皆空，一心不動。是則名為安心之法，故結云如。

■解：前以佈施作福，下化眾生，只為上求佛果。今既眾生相空，三輪體寂，是則因為虛設矣。無相之因，何以上求有相之果乎？況現見如來身相宛然，不是無相之因可得。此以相見如來也。故佛破云。

「須菩提，於意云何？可以身相見如來不？」「不也，世尊。不可以身相得見如來。何以故？如來所說身相，即非身相。」佛告須菩提：「凡所有相，皆是虛妄，若見諸相非相，即見如來。」

■解：此直指無相妙行也。空生由聞無相之因，遂疑此因，不能求有相之佛果。是以相見如來也。此乃著佛應化之相，未見法身真體。世尊征破見相。空生領旨。故佛直告不可以相見如來。以如來所說之身，即法身也。故云非身。然法身亦非有相，即於諸法相上，見其非相，即見如來矣。不是如來法身，舍諸法之外，別有一相狀也。此則無相之因，契無相之果。明矣。

■解：若以無相之因，契無相之果。此義甚深，難信難解。遂疑。

須菩提白佛言：「世尊。頗有眾生，得聞如是言說章句，生實信不？」佛告須菩提：「莫作是說，如來滅後，後五百歲，有持戒修福者，於此章句，能生信心，以此為實。當知是人，不於一佛、二佛、三、四、五佛，而種善根，已於無量千萬佛所種諸善根。聞是章句，乃至一念生淨信者。須菩提，如來悉知悉見，是諸眾生得如是無量福德。何以故？是諸眾生，無復我相、人相、眾生相壽者相。無法相，亦無非法相。何以故？是諸眾生，若心取相，則為著我人、眾生、壽者。若取法相，即著我、人、眾生、壽者。何以故？若取非法相，即著我人眾生壽者，是故不應取法，不應取非法。以是義故，如來常說汝等比丘，知我說法，如筏喻者。法尚應舍，何況非法。」

■解：此直示佛之知見也。由前空生初執有相之因，佛以不住相佈施破之。復疑無相之因，不能契有相之果，蓋執佛有相狀也，佛以法身非相破之。是以無相之因，契無相之果，明矣。如此，則因果俱空，人法雙泯，此義甚深，難信難解。故疑問佛，不知可有人，能信此法不？頗，猶可也。言說章句，即指前無相因果之說。佛答謂豈無其人。但信此法者不是尋常之人，乃是持戒修福者，方能信耳。此人亦非於一佛二佛三四五佛而種善根，蓋從無量千萬佛所而種善根者。所謂久種深根，乃能信耳。此等大根眾生，即一念信心，我悉知見其所得福，已無量矣。此無相之福，勝過有相所求之福。明矣。何故契無相者，能得多福耶？蓋此眾生。無復我人眾生壽者之相矣。不但無此四相，即一切有無諸相，悉皆空矣。故云無法相，亦無非法相。以此眾生，心不取相故，一切皆離。苟一念取著法非法相，即著四相。以不取相故，心境皆空，得福殊勝之若此耳。此是如來真知見力。故我教菩薩，不應取法非法相。何以故？以一入此法，則人法皆空，頓離諸取，便起諸有矣，豈細事哉。故我常教弟子，當舍法也。然舍法即舍情，情忘則智圓矣。故曰：法尚應舍，何況非法。

■解：空生因聞佛說佛非色相，法不可取。遂起疑云，若佛與法，二皆無相，是無佛無法矣。爭奈現見佛成菩提，現今說法，何以言無。此疑佛自語相違也。故下按破。

「須菩提，於意云何？如來得阿耨多羅三藐三菩提耶？如來有所說法耶？」須菩提言：「如我解佛所說義，無有定法，名阿耨多羅三藐三菩提，亦無有定法如來可說。何以故？如來所說法，皆不可取、不可說，非法，非非法。所以者何？一切賢聖，皆以無為法而有差別。」

■解：此雙遣佛法知見也。空生心中才萌有佛有法之念，所謂意言分別也。含而未吐，佛逆破之。故召而詰之曰：於意云何？謂汝意下作何分別耶？且佛菩提，果有所得耶？如來果有所說法耶？此審而詰之，以勘其意。空生領旨，故陳其悟。謂已解佛說，原無定法，即是菩提；亦無有定法，如來可說。此空生深領如來不取之旨。不但如來，即一切賢聖，皆以無為法有差別故，故非可取。此開權顯實之意，已露一斑矣。

■解：空生已領無佛無法之旨。但不知契無為者，如何得福殊勝。故下如來以離相破之。

「須菩提，於意云何？若人滿三千大千世界七寶，以用佈施，是人所得福德，寧為多不？」須菩提言：「甚多，世尊。何以故？是福德即非福德性，是故如來說福德多。」「若復有人於此經中，受持乃至四句偈等，為他人說，其福勝彼。何以故？須菩提，一切諸佛，及諸佛阿耨多羅三藐三菩提法，皆從此經出。須菩提，所謂佛法者，即非佛法。」

■解：此以無相之福，以顯無相之法為最勝也。空生已悟無相之理。但不知契無相之理，得無相之福。此福如何勝彼有相耶？故佛先以有相佈施，較量其福，不如持四句偈之福殊勝者，以一切諸佛，皆從此般若而出生故。故云，般若是諸佛母，所以福大。如俗所云，母因數貴故也。是則般若乃是能出生佛、法者。而般若本非佛、法也。故云。所謂佛、法者，即非佛、法。

■解：既法無可說，佛無可成，俱不可得矣。且世尊昔日，為我等聲聞，說四諦法，乃是法也。我等依之而修，是得果也。我等依涅槃而住，此有所住也。如何世尊一切皆非。此大眾意言分別也。故世尊逆舉小果，逆問空生，而代破之。

「須菩提，於意云何？須陀洹能作是念：我得須陀洹果不？」須菩提言：「不也，世尊！何以故？須陀洹名為入流，而無所入，不入色、聲、香、

味、觸法，是名須陀洹。」「須菩提，於意云何？斯陀含能作是念：我得斯陀含果不？」須菩提言：「不也，世尊。何以故？斯陀含，名一往來，而實無往來，是名斯陀含。」「須菩提。於意云何？阿那含能作是念：我得阿那含果不？」須菩提言：「不也，世尊。何以故？阿那含，名為不來，而實無不來，是故名阿那含。」「須菩提，於意云何？阿羅漢能作是念：我得阿羅漢道不？」須菩提言：「不也，世尊。何以故？實無有法，名阿羅漢。世尊，若阿羅漢作是念：我得阿羅漢道，即為著我、人、眾生、壽者。世尊，佛說我得無諍三昧，人中最為第一，是第一離欲阿羅漢。世尊，我不作是念：我是離欲阿羅漢。世尊，我若作是念：我得阿羅漢道，世尊則不說須菩提是樂阿蘭那行者。以須菩提實無所行，而名須菩提，是樂阿蘭那行。」

■解：此的示無住真宗也。大眾因聞佛不可求，法非可取，斯則進取無可住矣。爭奈世尊昔日，教我聲聞，令離生死，安住涅槃，非無法無果可住也。

而今世尊何以言佛法皆非。此小乘未忘名言習氣，執有實法，難入般若，故多起疑。世尊假空生之悟，為眾旁通，故舉昔果逆征之曰。於意云何，謂於汝意下如何也？梵語須陀洹，此云入流。入，逆也。謂逆生死流也。然言逆流，但約不入六塵名為逆，非是實有此可逆，有彼可入而住之也。斯陀含，此云一往來。謂有欲界一品殘思，但只消一來欲界斷之，則從此長往矣。此亦非有來往實住處也。阿那含，此云不來。謂永不來欲界受生。如此而已。亦非有不來之處可住也。阿羅漢，此云不生。以見彼諸法，一切皆無，實無諸法，一心不生。如此而已。亦未嘗作念，我是阿羅漢。亦非有住可之羅漢地也。若阿羅漢自己作念，認著我是羅漢，此則與眾生知見一般，即著四相矣。空生以己驗之。即如世尊每每稱我得了無諍三昧，又贊我是人中最上之人，又說我是第一離欲阿羅漢。蒙世尊如此極口稱讚，然我自忖己心，並不曾一念生心，執著我是離欲羅漢也。若我有此念，世尊則不說我是樂寂靜行者。以我而觀，昔日涅槃原無住處。足知如來菩提，必無可住之理矣，復何疑哉。此決佛果有住之疑。下決佛定有成之疑。

■解：聞上開示。佛果無住，明矣。既果無所成，爭奈現見如來，從燃燈受記。是則佛定有成。既有可成之佛，豈無可住之果。下答以無所得。

佛告須菩提：「於意云何？如來昔在燃燈佛所，於法有所得不？」「不也，世尊。如來在燃燈佛所，於法實無所得。」

■解：此示究竟無得之旨也。以聞無住之談，已悟菩提無住。遂疑菩提雖無住，而佛果必定是有成。若佛無成，如何傳授。故世尊逆問空生而決之。以燃燈佛雖云授記，但印契此心而已，實無所得。若有所得，則燃燈必不與我授記。

■解：菩提無住，佛果無得，如此，則不必莊嚴佛土矣。而世尊何以教我行菩薩行，莊嚴佛土耶？

「須菩提，於意云何？菩薩莊嚴佛土不？」「不也，世尊。何以故？莊嚴佛土者，即非莊嚴，是名莊嚴。」「是故須菩提，諸菩薩摩訶薩，應如是生清淨心，不應住色生心，不應住聲、香、味、觸、法生心，應無所住而生其心。」

■解：此直示安心之法也。空生疑謂佛既無成，涅槃無住。若如此又何須莊嚴佛土耶？執此疑者，謂度生之行，實要莊嚴佛土，如修寺一般，此執相之愚也。故世尊逆問空生，菩薩果有莊嚴佛土不？空生領旨。答言即非莊嚴，是名莊嚴。何以明之。然而佛土者，淨土也。且此淨土，豈可以七寶累砌而為莊嚴也。以眾生所見穢土，乃惡業莊嚴，種種苦具。在諸佛所居淨土，但以清淨覺心，淨彼諸染，染業既空，則土自淨。是以清淨心而為莊嚴。然此莊嚴，非同彼也。故曰即非莊嚴，是名莊嚴。如此看來，菩薩莊嚴佛土，不假外來，只是自淨其心。心淨則土自淨。故曰，但應如是生清淨心而已，不必別求莊嚴也。

■解：既云清淨，如何生心？佛言：清淨如何生心。但不當生六塵染心而已。非有清淨可住而生心也。所謂執謝情忘，淨心自現。故曰：應無所住而生其心。三祖云：莫逐有緣，無住空忍。此為無住生心安心之法，妙不過此。故六祖一聞，言下頓悟。

疑報身必居實土。

■解：既不莊嚴佛土，是無佛土也。且千丈大身之佛，又何所居耶？此

「須菩提，譬如有人，身如須彌山王，於意云何？是身為大不？」須菩提言：「甚大，世尊。何以故？佛說非身，是名大身。」

■解：此示法身真土也。因聞佛土非可莊嚴，遂疑報身必居實土。若不莊嚴，向何居住。佛以法身非身破之。意謂非土之土，常寂光也。非身之身，乃法身也。法身非相，真土無形。然身既不可以相見，而土又何可以莊嚴耶！此從離六塵相，離心緣相以來，所破群疑，直至身土皆空，心境雙絕，始是般若極則，以顯法身無住之理。故開導至此，理極忘言。但有信此法者，其福無量。故下較量福德。

「須菩提，如恆河中所有沙數，如是沙等恆河，於意云何？是諸恆河沙，寧為多不？」須菩提言：「甚多，世尊，但諸恆河尚多無數，何況其沙。」

「須菩提，我今實言告汝：若有善男子、善女人，以七寶滿爾所恆河沙數三千

大千世界，以用佈施，得福多不？」須菩提言：「甚多，世尊。」佛告須菩提：「若善男子、善女人，於此經中，乃至受持四句偈等，為他人說，而此福德勝前福德。復次，須菩提，隨說是經，乃至四句偈等，當知此處，一切世間天、人、阿修羅，皆應供養，如佛塔廟。何況有人盡能受持、讀誦。須菩提，當知是人成就最上第一稀有之法，若是經典所在之處，則為有佛，若尊重弟子。」

■解：此以喻法顯殊勝也。說四句之福，勝河沙七寶者。以此法，乃最上第一稀有之法。以此四偈，即法身全體故。如佛住世，與弟子宣說無二故也。前顯法身已圓。群疑頓破，言忘理極。故空生領旨，遂請結經名。

爾時，須菩提白佛言：「世尊，當何名此經？我等云何奉持？」佛告須菩提：「是經名為《金剛般若波羅蜜》，以是名字，汝當奉持。所以者何？須菩

提，佛說般若波羅蜜，即非般若波羅蜜，是名般若波羅蜜。」

■解：此指歸般若實際也。空生領悟，般若全體已露，更無餘法，故問結經名。世尊但告之曰：是經名為金剛般若波羅蜜。意謂此法無名，但此心耳。又問如何奉持。告以即以此心奉持此法。以心本非心，而法亦非法。故曰般若即非般若波羅蜜。前未聞此法時，其心未安，故初請降伏。以所知所見，滿目塵鏡，生佛迢然，淨穢殊途，取捨異趣，故其心不安，難以降伏，特起種種疑情。初疑眾生難度，則告以眾生本空。又疑佛果難求，則告以佛不必求。次疑佈施難周，則告以三輪空寂。次疑佛土難嚴，則告以心淨則嚴。次疑報身無寄，則告以法身無依。到此空生伎倆已窮，群疑冰釋。佛心已盡披露，無復遺餘。所以聞者心安自降伏矣。故問結經名。世尊不以實法贅人，但名此心而已。故以此結之。下文乃單示法身極則，所謂百尺竿頭更進一步。只須具金剛眼，始得極盡相應。故空生感悟流涕，讚嘆難量。似久客還家，宜其見慈母而生悲泣也，直至不可思議而後已。

「須菩提，於意云何？如來有所說法不？」須菩提白佛言：「世尊，如來無所說。」

■解：空生已悟法身之理。遂疑法身非相，誰當說法。此計法有所說也。故佛征詰。乃悟身既非身，法亦無說。

■解：法身非相，然非相即墮斷滅。斷滅無相當於何處見法身耶？眾有此疑，故佛征破。

「須菩提，於意云何？三千大千世界所有微塵，是為多不？」須菩提言：「甚多，世尊。」「須菩提，諸微塵，如來說非微塵，是名微塵。如來說世界

非世界，是名世界。」

■解：此示諸法雖空，不入斷滅也。聞說法身非相，遂疑墮斷滅。斷滅則無處覓法身矣。世尊示以塵塵剎剎皆法身也。故詰之曰：三千大千世界所有微塵是為多不？答言甚多。若以微塵世界而觀，則滿目塵境萬象樅然；若以非微塵世界而觀，則一道虛間，真空冥寂。所謂寂滅靈虛，寄森羅而顯象。縱橫幻境，在一性而融真。所以青青翠竹，總是真如。鬱鬱黃華，無非般若。山河及大地，全露法王身。要見法身，須具金剛正眼始得。故曰世界非世界是名世界。

■解：所聞法身非相方名為佛。若非相是佛，即今現前三十二相之佛豈非佛耶？此認化身為真佛也。下以法化一體破之。

「須菩提，於意云何？可以三十二相見如來不？」「不也，世尊。不可以三十二相得見如來。何以故？如來說三十二相，即是非相，是名三十二相。」

■解：此示法、化冥一也。莫謂有相非佛。即今三十二相，本非有相，相即非相，則應身即法身矣。到此三身一體，身土皆空，理極情忘，言詞相寂。故但讚嘆能契此理，轉教之者其福無量。

「須菩提，若有善男子、善女人，以恆河沙等身命佈施。若複有人，於此經中乃至受持四句偈等，為他人說，其福甚多。」

■解：此顯法空勝益也。世尊顯理已極，群疑已破，四相頓空，我執既亡，法身獨露。故世尊較量佈施恆沙身命之多，不若深心受持四句偈為他人說，其無相之福真不可量矣。空生全領此旨，感激未聞，故涕淚悲泣讚嘆稀有。此正前云善護念善囑咐者以此故也。

（已前領悟。已下陳情。）

爾時，須菩提聞說是經，深解義趣，涕淚悲泣而白佛言：「稀有，世尊。佛說如是甚深經典，我從昔來所得慧眼，未曾得聞如是之經。世尊，若復有人得聞是經，信心清淨，即生實相，當知是人成就第一稀有功德。世尊，是實相者，即是非相，是故如來說名實相。世尊，我今得聞如是經典，信解受持不足為難。若當來世後五百歲，其有眾生得聞是經，信解受持，是人即為第一稀有。何以故？此人無我相、人相、眾生相、壽者相。所以者何？我相即是非相，人相、眾生相、壽者相，即是非相。何以故？離一切諸相，即名諸佛。」佛告須菩提：「如是、如是。若複有人得聞是經，不驚不怖不畏，當知是人甚為稀有。何以故？須菩提，如來說第一波羅蜜，即非第一波羅蜜，是名第一波羅蜜。」

■解：此印契佛心入佛知見也。若空生輩諸小乘人與諸眾生皆執相之徒也。即佛出世以來二十餘年，所說諸法未曾離相，恐生驚疑，故竅而教之，多方淘汰，至今方始露出本心。何以故？以佛本願，欲令一切皆趣大乘究竟之地故。今將引昔小乘發大乘心，特以此金剛心地為本修因，故先用此心斷彼群疑，令生正信。故此般若乃入大乘之初門，為菩薩發覺之初心，所謂護念付囑者此心也。以小乘弟子一向未聞，而今始聞之。從昔未解，而今始悟之。如失乳兒忽遇慈母。所以空生一聞感激涕零，宜其然也。故讚嘆稀有。前嘆稀有，乃忽爾覿見世尊此一片心，尚未備聞其說。今蒙世尊吐露，重重逐破，消盡群疑，此真稀有之心也。蓋從昔已來所未聞者，誠稀有之法也。空生自陳已悟。又激發同輩意謂我聞而悟自謂稀有矣，若再有一人聞而能信自心清淨如此者，則實相現前，諸妄消滅。此人亦自稀有之人矣。何以故？以離相之法最難信解故也。且我輩親見如來。雖是難信，然聞佛妙音，即信解亦不難。若佛滅後去聖時遙，後五百歲，五濁惡重，魔強法弱之時，能信此法者，甚為難也。苟有能信者，則為第一稀有之人也。何以故？以此人能離四相故。然四相本是如如，了此即見法身矣。故曰：能離一切相，即名為佛。此真稀有也。世尊聞說乃印許之曰：如是，如是，誠如所說。以此法大機小，聞者皆生驚疑怖畏故也。苟聞而不驚疑怖畏者，甚稀有也。以我所說，不在言故。故曰：即非第一，是名第一。

■解：前言佈施，乃六塵受用之物，外施也。一向難舍已舍，即舍亦要求福，世尊已教不許住相，已說無相之福更大。既而又說，不但七寶佈施，不比無相之福。即將恆沙身命佈施之福，亦難比之。以身命內施也。故空生遂疑謂外施可忘，身命難舍，如何能舍耶。世尊逆知其意。故特說忍辱行以破之。割截身體而不嗔恨，則我空矣。此是當機疑意如此。其經中密意，乃世尊密破菩薩我法二執。然我執即五蘊身心，且此五蘊身有假名，有實法。前破假名，今以割截身體驗破五蘊實法也。

「須菩提，忍辱波羅蜜，如來說非忍辱波羅蜜，是名忍辱波羅蜜。何以故？須菩提，如我昔為歌利王割截身體，我於爾時無我相、無人相、無眾生相、無壽者相。何以故？我於往昔節節支解時，若有我相、人相、眾生相、壽者相，應生嗔恨。須菩提，又念過去於五百世作忍辱仙人，於爾所世，無我相、無人相、無眾生相、無壽者相。是故，須菩提，菩薩應離一切相，發阿耨多羅三藐三菩提心。不應住色生心，不應住聲、香、味、觸、法生心，應生無所住心，若心有住，即為非住。是故，佛說菩薩心不應住色佈施。須菩提，菩薩為利益一切眾生故，應如是佈施。如來說一切諸相，即是非相；又說一切眾生即非眾生。」

■解：此破五蘊實法，結答云何應住之問也。空生一聞身命佈施，不達五蘊本空，遂疑而不信，甚以為難。謂外施七寶，不住於相，猶可能也。若捨身命，則不能矣。不捨身命，則我相未空。既然著相，難契真空，故世尊特說忍辱之行。當歌利王割截身體之時，若我四相未忘，則生嗔恨矣。所以不嗔者，以達五蘊本性空故。所謂割水吹光，湛然不動者，以離一切相也。是故我教菩薩當離一切相發菩提心者，不應住於六塵生心，應當生無所住之心也。此結前文總會離相之旨，以答云何應住之問也。又示之曰：若心有住，則心境俱妄，則為非住。是故佛說菩薩不應住於色相而行佈施者此也。然菩薩既為利益一切眾生，應當如是佈施，方為妙行，不可執著別生臆見也。以如來說一切相，皆是真如。說一切眾生即是真如。所以前云：若見諸相非相，即見如來。故結示云諸相即是非相，眾生即非眾生。

■解：既云不住於相，則一切皆空。空即能證之智亦空無體矣。無體之法，安可作因而取果耶？答意誡令但當諦信佛言，是如來自證境界，決不虛妄。

「須菩提，如來是真語者、實語者、如語者、不誑語者、不異語者。須菩提，如來所得法，此法無實無虛。」

■解：此結令諦信也。空生聞佛所說因果皆空，疑謂果空則不必用因。因空則不能得果。今因中行施，況不住生心，則無實果可證矣。世尊誡以但當諦信佛言，不必多起疑念，以如來所得之法非實非虛，不可以執著之情而求之也。以此破之。

■解：不住相佈施生心，即此不住生心。何以得合般若？下答破。

「須菩提，若菩薩心住於法而行佈施，如人入暗，則無所見。若菩薩心，不住法而行佈施，如人有目，日光明照，見種種色。」

■解：此示無住之益也。有住之心，屬於無明，為心境障故。如人入暗，一無所見。無住之心諸障盡撤，人我兩忘，如日升天，朗照萬象。故此無住之心，即真實般若，佛所證者，此心而已。

■解：且此無住之心，縱是般若，如何能契佛心？下答破。

「須菩提，當來之世，若有善男子、善女人，能於此經受持讀誦，即為如來。以佛智慧，悉知是人，悉見是人，皆得成就無量無邊功德。須菩提！若有善男子、善女人，初日分，以恆河沙等身佈施；中日分，復以恆河沙等身佈施；後日分，亦以恆河沙等身佈施，如是無量百千萬億劫，以身佈施，若復有

人，聞此經典，信心不逆，其福勝彼，何況書寫、受持、讀誦、為人解說。」

■解：此示心佛平等也。空生之疑將謂己智不能契合佛智。佛意般若無文字，文字即般若。然我說此經，即全體般若。但有人能信受者，則為妙契佛智。而佛以本智，了知其人無量功德矣。此一念頓契佛心之功德，縱使一日三時以恒沙身命佈施功德其福固多，但不若有一念信心，隨順般若而不逆者，可謂善人佛慧矣。其福更大。何況書寫受持讀誦，為人解說。

（下贊般若殊勝）

「須菩提，以要言之，是經有不可思議、不可稱量無邊功德。如來為發大乘者說，為發最上乘者說。若有人能受持、讀誦、廣為人說，如來悉知是人，悉見是人，皆得成就不可量、不可稱、無有邊、不可思議功德。如是人等，即為荷擔如來阿耨多羅三藐三菩提。何以故？須菩提，若樂小法者，著我見、

人見、眾生見、壽者見，即於此經不能聽受、讀誦、為人解說。」

■解：此贊般若獨被上上根人。前屢言著四相故粗，今言著四見故細。

「須菩提，在在處處，若有此經，一切世間天人阿修羅，所應供養。當知此處，即為是塔，皆應恭敬，作禮圍繞，以諸華香而散其處。」

■解：此贊般若法身常住。

「復次，須菩提。善男子、善女人受持讀誦此經，若為人輕賤，是人先世罪業應墮惡道。以今世人輕賤故，先世罪業則為消滅，當得阿耨多羅三藐三菩提。」

■解：此贊般若有離障出纏之益。不但滅罪，且得勝果。

「須菩提，我念過去無量阿僧祇劫，於燃燈佛前，得值八百四千萬億那由他諸佛，悉皆供養承事，無空過者。若復有人於後末世，能受持讀誦此經，所得功德，於我所供養諸佛功德，百分不及一，千萬億分，乃至算數、譬喻所不能及。須菩提，若善男子、善女人於後末世，有受持讀誦此經，所得功德，我若具說者。或有人聞，心則狂亂，狐疑不信。須菩提，當知是經義不可思議，果報亦不可思議。」

■解：此贊悟般若者，一念頓生佛家。生生世世，永不離佛。故此功德最為殊勝也。後世末法之中，有能信者，其功更大。以此般若之德，不可思議，故果報亦不可思議。從初問云何應住，云何降伏其心以來，通破凡夫中大心眾生修菩薩行者所執之疑。然所執我法二執有粗有細。已前破粗二執。以所執五蘊身心為我執，我所作為緣塵六度之行欲求菩提者為法執。然此二執，皆著相故。是破初發心菩薩未悟般若者之疑，但意顯下不見有眾生可度也。此後乃破微細我法二執。是已悟般若之菩薩，但執有能證之智為我，有所證真如為人，能證能悟為眾生，證悟未忘潛續如命為壽者。而此四相最極微細，故為微細二執。所謂存我覺我。故向下發揮但標我字。若破此我執，則上不見有佛果可求也。經文與前問同意別，觀者應知。

爾時，須菩提白佛言：「世尊，善男子、善女人，發阿耨多羅三藐三菩提心，云何應住？云何降伏其心？」佛告須菩提：「若善男子、善女人，發阿耨多羅三藐三菩提心者，當生如是心：我應滅度一切眾生，滅度一切眾生已，而無有一眾生實滅度者。何以故？須菩提，若菩薩有我相、人相、眾生相、壽者相，則非菩薩。所以者何？須菩提，實無有法，發阿耨多羅三藐三菩提心者。」

■解：從此以下，征破微細我法二執也。經初問云何應住，云何降伏其心者，以初發心菩薩，乃凡夫中大心眾生始發度生之心，故種種著相，以依著自己五蘊色身修行。其所行佈施，乃執著六塵粗物而求福果；其所求菩提，乃執著化佛色相之身；其土乃寶物莊嚴之土。種種所行，皆不離相，故去般若遠甚。空生起疑，被佛重重破斥，直至一切色相皆離，方契真如般若實智。而空生已悟，大眾疑消。此經文不可思議。已前半卷皆此意也。其所破我依凡夫見起，即五蘊色相之我，其四相皆粗。今此經文以下乃是破已悟般若之菩薩，但能證之智未忘，以此執著為我，此是存我覺我之我，乃微細我法二執，四相皆細，故此經中標出一我字為首。但云我應滅度眾生，更不言佈施，是知功行已圓，唯有生佛之見未泯耳，故前粗後細。問：然此細智為我，而又問云何應住，云何降伏其心，與前問意同者何也？答：此問住，蓋此菩薩已離五蘊，但習氣未忘，故於真如智中亦求安住。且急急欲求菩提，執謂菩提有所住處。求而不得，其心不安，故問降伏，此求佛之心未安，以生佛之見未泯，不達平等一如耳。問同意別。故世尊破云發菩提者，當作此觀：我滅度一切眾生已，實無有一眾生得滅度者。以眾生本自如如，不待更滅，若執有滅度，則著四相，非菩薩矣。此不見有眾生可度也。然生佛本來平等，若眾生既無可滅，而此中實無有法，可容菩薩發心求菩提者。何以故？以眾生本自寂滅，即是菩提，又何容其更求耶，此不見有佛果可求也。

■解：既無實法可得菩提，且我所悟之般若豈非法耶？即世尊於燃燈佛所，因得此法，乃得成佛，豈非得菩提耶？何言無法可得？故下破之。

「須菩提，於意云何？如來於燃燈佛所，有法得阿耨多羅三藐三菩提不？」「不也，世尊！如我解佛所說義，佛於燃燈佛所，無有法得阿耨多羅三藐三菩提。」佛言：「如是如是！須菩提，實無有法，如來得阿耨多羅三藐

三菩提。須菩提，若有法如來得阿耨多羅三藐三菩提者，燃燈佛即不與我授記，汝於來世，當得作佛，號釋迦牟尼。以實無有法，得阿耨多羅三藐三菩提，是故燃燈佛與我授記，作是言，汝於來世，當得作佛，號釋迦牟尼。」

■解：此示菩提無得，以破執佛之疑也。空生疑佛於燃燈佛所，實有法可得。世尊輾轉逐破妄計，正顯實無一法可得。

■解：謂般若之法，乃成佛真因。今云無法，則無因矣。無因如何得菩提果？下以法身不屬因果破之。

「何以故？如來者，即諸法如義。若有人言，如來得阿耨多羅三藐三菩提。須菩提，實無有法，佛得阿耨多羅三藐三菩提。須菩提，如來所得阿耨多羅三藐三菩提，於是中無實無虛，是故如來說一切法，皆是佛法。須菩提，所

言一切法者，即非一切法，是故名一切法。須菩提，譬如人身長大。」須菩提言：「世尊，如來說人身長大，則為非大身，是名大身。」

■解：此顯法身不屬因果也。空生不達法身真體，不屬因果，乃執定如來有修有得。故佛以無所得破之矣。猶恐不悟，乃直示之曰：何故言菩提無所得耶？以如來者，非色相之稱，乃是諸法當體如如之義耳。且諸法本自如如，豈假修為證得耶？故我說菩提實無有法容佛可得。宗門謂向上一路三世諸佛不許覷著，覷著則眼瞎，以此中無你取覓處故也。如來菩提並無甚奇特，但於諸法不起斷常顛倒見耳，故言無實無虛。以一切法，皆非法故。若知大身非身，則知諸法非法。

■解：因聞實無有法容其發心，遂疑云以我有此度生之法，方名菩薩。既無有法，何以得菩薩之名耶。下以無法無我破之。

「須菩提，菩薩亦如是，若作是言，我當滅度無量眾生，則不名菩薩。何以故？須菩提，實無有法，名為菩薩。是故佛說一切法，無我、無人、無眾生、無壽者。須菩提，若菩薩作是言，我當莊嚴佛土，是不名菩薩。何以故？如來說莊嚴佛土者即非莊嚴，是名莊嚴。須菩提，若菩薩通達無我法者，如來說名真是菩薩。」

■解：此示法身無我例破菩薩微細二執也。空生執有法度生方名菩薩。世尊告以實無有法以遣法執。恐疑無法度生如何莊嚴佛土，故世尊示以常寂光土不假莊嚴，以遣住心破我執。此二無我也。苟不達此理，則非真菩薩矣。故云通達無我、法者，如來說名真是菩薩。

■解：若菩薩不見眾生可度，無土可淨，如此如來要五眼作麼？下約知眾生心為眼，非實有五眼破之。

「須菩提，於意云何？如來有肉眼不？」「如是，世尊，如來有肉眼。」「須菩提，於意云何？如來有天眼不？」「如是，世尊，如來有天眼。」「須菩提，於意云何？如來有慧眼不？」「如是，世尊，如來有慧眼。」「須菩提，於意云何？如來有法眼不？」「如是，世尊，如來有法眼。」「須菩提，於意云何？如來有佛眼不？」「如是，世尊，如來有佛眼。」「須菩提，於意云何？如恆河中所有沙，佛說是沙不？」「如是，世尊，如來說是沙。」「須菩提，於意云何？如一恆河中所有沙，有如是沙等恆河，是諸恆河，所有沙數，佛世界如是，寧為多不？」「甚多，世尊。」佛告須菩提：「爾所國土中，所有眾生，若干種心，如來悉知。何以故？如來說諸心，皆為非心，是名為心。所以者何？須菩提，過去心不可得，現在心不可得，未來心不可得。」

■解：此示心、佛、眾生三無差別也。空生疑佛具五眼，將謂有法可見，有世界眾生當情。世尊告以所具五眼非眼也。但約見眾生心為眼耳。且如恆沙世界，無量眾生，若干種心，如來悉知悉見者，以眾生乃如來自心之眾生。故眾生凡動一念，即如來自心動也，如何不知不見耶。又疑眾生心有生滅，如來心亦生滅耶？故世尊言此中眾生心本自如如，了無生滅。與如來心寂滅平等故。如來眾生湛然不動，絕無生死去來之相。所謂心佛與眾生，是三無差別，故三際求心了不可得。

■解：世尊一往破執，謂無土可嚴，無生可度。恐空生聞而轉計，將謂生土皆空，則佈施無福，亦不必修矣。故世尊以無福之福，其福甚大破之。

「須菩提，於意云何？若有人滿三千大千世界七寶，以用佈施，是人以是因緣，得福多不？」「如是，世尊，此人以是因緣，得福甚多。」「須菩提，

若福德有實，如來不說得福德多，以福德無故，如來說得福德多。」

■解：此示無相之福也。空生執著有相佈施，將謂實有福德。殊不知能施六塵本空，則所得福德非有。故世尊以福德無故福德多破之。所言無者，非絕無也。以心量如空，故得福益大。

■解：空生因聞不許住相度生嚴土，遂起疑云：且度生嚴土乃成佛之因，所感萬德具足莊嚴之果。今云無生可度，無土可嚴，是絕無因也。又云：「無菩提可證，是無果也。因果皆絕，是無佛矣。即今現見如來具足色相，又從何而有耶？故佛以不應具足色相見如來破之。

「須菩提，於意云何？佛可以具足色身見不？」「不也，世尊。如來不應以具足色身見。何以故？如來說具足色身，即非具足色身，是名具足色

身。」「須菩提，於意云何？如來可以具足諸相見不？」「不也，世尊，如來不應以具足諸相見。何以故？如來說諸相具足，即非具足，是名諸相具足。」

■解：此破執報身色相之見，以顯法報冥一也。具足色身者，萬德莊嚴報身佛也。以多劫度生莊嚴佛土，感此果報以酬因故，如來說具足色身，且此報身本法身也，故云，即非具足色身，法報冥一，故云是名具足色身。此破所見之相，下破能見之見。以報身即法身，故無相可見。智體如如，故見病消亡，境智冥一，故法身自顯。凡言是言非者，皆遮救之辭也。恐落是非窠臼，故左右遮之遣之。故如來說法本無可說，但遮護眾生之心病，不容起見，遣其執情，令不住著，如此而已。學者應知。

■解：空生聞說佛本無相可見，遂疑既無身相，誰當說法？故佛以無可說破之。

「須菩提，汝勿謂如來作是念：『我當有所說法』。莫作是念，何以故？若人言如來有所說法，則為謗佛，不能解我所說故。須菩提，說法者，無法可說，是名說法。」

■解：此破報身如來有所說法之疑也。如來出世本無法可說，但就眾生所執之情，隨宜而擊破之，唯一字而已。凡曰非，曰不，乃遮止之辭。以遮止眾生之妄想耳。正是護念之意也。故曰：是名說法。

■解：空生已悟法身之理無說無示。以此法甚深。但未來眾生，不知可能信受不？故起此疑。向下以無眾生破之。

爾時，慧命須菩提白佛言：「世尊，頗有眾生，於未來世，聞說是法，生信心不？」佛言：「須菩提，彼非眾生，非不眾生。何以故？須菩提，眾生眾生者，如來說非眾生，是名眾生。」

■解：此示生法一如，以破眾生見也。空生妙悟法身，已能信能受矣。第此法甚深，不知可有眾生於未來世，能信此法不？此空生生滅之見未亡，故起未來眾生之見。世尊答以眾生本如，與法平等，何有未來之相耶！以眾生如如，三際平等，此實般若究竟之極則也。彼非眾生等六句，謂眾生本自如如，故曰彼非眾生。以真如隨緣而成眾事，故曰非不眾生。乃複釋之曰：所言眾生，乃是真如隨緣，眾法和合而相生。故云眾生者，以假名眾生。故如來說非實是眾生，以非實有生，是故名為眾生耳。

■解：法身無相無法可得，如何言修一切善法，證得菩提耶？下以無得平等破之。

須菩提白佛言：「世尊，佛得阿耨多羅三藐三菩提，為無所得耶？」佛言：「如是如是！須菩提，我於阿耨多羅三藐三菩提，乃至無有少法可得，是名阿耨多羅三藐三菩提。復次，須菩提，是法平無有高下，是名阿耨多羅三藐三菩提。以無我、無人、無眾生、無壽者，修一切善法，即得阿耨多羅三藐三菩提。須菩提，所言善法者，如來說即非善法，是名善法。」

■解：此破佛法見也。空生已悟法身清淨，無法可得。翻疑佛說修一切善法而得菩提是有得也。豈如來菩提果無所得耶？佛言實無所得。以生佛平等，無二無別，即是菩提，如此而已。豈實有所證得耶。所言修善法而得菩提者，但以離四相而修。以修即無修，故得亦無得。以無所得故，是名真善法也。

■解：善法既非，何法為勝？下以達般若者，最為殊勝。

「須菩提，若三千大千世界中，所有諸須彌山王，如是等七寶聚，有人持用佈施；若人以此《般若波羅蜜經》，乃至四句偈等，受持讀誦，為他人說，於前福德百分不及一，百千萬億分，乃至算數譬喻所不能及。」

■解：此讚般若離相之功最勝也。且修善法不得菩提，是則善法非殊勝矣，又以何法為殊勝耶？佛言達般若者，最為殊勝。三千世界中，有百億須彌山，以七寶等此，可謂多矣。以此佈施之福，不如達般若四句之福。以彼執相，貪求利益故。般若離相，故超勝無量，非喻可及。

■解：空生聞前說生佛平等。然既平等則無眾生矣，何言如來當度眾生？是有我人之相也。下以人我兩忘破之。

「須菩提，於意云何？汝等勿謂如來作是念，我當度眾生。須菩提，莫作是念，何以故？實無有眾生如來度者。若有眾生如來度者，如來即有我、人、眾生、壽者。須菩提，如來說有我者，則非有我。而凡夫之人以為有我。須菩提，凡夫者，如來說即非凡夫，是名凡夫。」

■解：此破佛有人我之疑以顯法身真我也。所云生佛平等，平等則無佛無眾生，何言我當度眾生耶？眾生人也，我度眾生則有我矣。人我宛然則四相不泯，此正宗門所謂得到法身邊，未透法身向上句也。故世尊以言遣之。故云勿謂如來我有度生之念。我有此念，即是凡夫。然如來說凡夫，尚非凡夫，豈可如來尚存我見耶！此則聖凡俱泯，一道齊平，般若玄旨，於斯極矣。

■解：法身既非有我，報身不可以相見，即今三十二相，豈非佛耶？

「須菩提，於意云何？可以三十二相觀如來不？」須菩提言：「如是如是，以三十二相觀如來。」佛言：「須菩提，若以三十二相觀如來者，轉輪聖王則是如來。」須菩提白佛言：「世尊，如我解佛所說義，不應以三十二相觀如來。」爾時世尊而說偈言：「若以色見我，以音聲求我，是人行邪道，不能見如來。」

■解：此示應化非真，以顯法身離相也。空生已悟法身無我，報身非相，是為真佛。遂疑現見三十二相是何佛耶？是有佛見也。世尊詰之曰：果可以三十二相見如來乎？空生執以三十二相必定是佛。世尊以轉輪聖王破之。遂悟不可以三十二相觀如來。世尊示之以離相偈云：若以色見我，以音聲求我，是人行邪道，不能見如來。

■解：空生聞說法報無相，應化非真，故起法身斷滅之見，以不達法身真我故，佛以不斷滅破之。

「須菩提，汝若作是念，如來不以具足相故，得阿耨多羅三藐三菩提。須菩提，莫作是念，如來不以具足相故，得阿耨多羅三藐三菩提。須菩提，汝若作是念，發阿耨多羅三藐三菩提心者，說諸法斷滅。莫作是念，何以故？發阿耨多羅三藐三菩提心者，於法不說斷滅相。須菩提，若菩薩以滿恆河沙等世界七寶，持用佈施；若複有人，知一切法無我，得成於忍，此菩薩，勝前菩薩所得功德。何以故？須菩提，以諸菩薩不受福德故。」須菩提白佛言：「世尊，云何菩薩不受福德？」「須菩提，菩薩所作福德，不應貪著，是故說不受福德。」

■解：此破斷滅見也。空生聞說當以離相見佛，遂起斷滅見。謂如來不以具足相故得菩提。佛教之曰：莫作是念。若作是念，則說諸法斷滅矣。然發菩提心者，於法不說斷滅相，但說知一切法無我而已。若複有人知一切法無我，得成於忍，此菩薩勝過滿恒沙界七寶佈施之功德，以不受福德故也。所言不受者，非絕無也，但不貪著福德耳。所謂無作無造無受者，善惡之業亦不亡。世尊出世，說法四十九年，止說一無字而已。以九界眾生，通執一切法有我，如來但以無字破之。此金剛正眼，直觀向上一路。故宗門單傳直指，唯從此入。

■解：既言無我無受福者，則現見如來行住坐臥，豈非如來之我耶？此乃三身一異之見未泯，未悟平等法身故也。

「須菩提，若有人言：如來若來、若去、若坐、若臥，是人不解我所說義。何以故？如來者，無所從來，亦無所去，故名如來。」

■解：此會歸法身真際也。空生向以威儀動靜者為如來。此特去來之見耳，如來豈有去來耶。至此執謝情忘，動靜不二，如如實際，妙極於斯。但一異之見未忘，三身一體之義未契。故下以微塵世界破之。

「須菩提，若善男子、善女人，以三千大千世界，碎為微塵。於意云何？是微塵眾，寧為多不？」須菩提言：「甚多，世尊。何以故？若是微塵眾實有者，佛即不說是微塵眾。所以者何？佛說微塵眾，即非微塵眾，是名微塵眾。世尊，如來所說三千大千世界，即非世界，是名世界。何以故？若世界實有者，則是一合相。如來說一合相，即非一合相，是名一合相。」「須菩提，一合相者，即是不可說，但凡夫之人，貪著其事。」

■解：此破一異見也。空生未契三身一體，故世尊以微塵世界非一非異示之。言微塵則非一，世界即非異。微塵聚而為世界，即異而不異。世界散而為微塵，即一而不一。由是觀之，一異之相，了不可得。以不可得，故非實有也。若實有一異之相，即為一合相矣。一合者邊見也，以合一即不能異，合異即不能一故。若微塵實有，即不能聚而為世界。若世界實有，則不能散而為微塵。愚夫以此為一合相。如來說一合相則不然，以離二邊，故名一合。二邊既離，即是不可說矣。但凡夫之人不能遠離有無一異二邊，貪著其事，故不能達三身一體，平等法身之理也。

■解：既平等法身一切皆非即不可見，又何以佛說有四相見耶？故下伏破。

「須菩提，若人言，佛說我見、人見、眾生見、壽者見。須菩提，於意云何？是人解我所說義不？」「不也，世尊，是人不解如來所說義。何以故？世尊說我見、人見、眾生見、壽者見，即非我見、人見、眾生見、壽者見，是

名我見、人見、眾生見、壽者見。」「須菩提，發阿耨多羅三藐三菩提心者，於一切法，應如是知、如是見、如是信解，不生法相。須菩提，所言法相者，如來說即非法相，是名法相。」

■解：此破執有離相之見也。空生已悟平等如如法身之理。遂疑法身之體，既不可以相見，如何世尊說離四相之見耶？佛恐空生伏懷此疑，故詰之曰：假若有人言世尊說有四相之見者，汝謂此人解我所說之意不？空生遂悟佛意。答言此人不解如來所說義。何以故？以世尊說有四相之見者，非是實有相見可指說也，將為遣有相見者之執情耳，故曰非。此非字與諸非字不同。前屢言非，皆不是之義。今此非字乃遣絕之辭，謂遣眾生心中所執之相見耳。非佛說有此相見，乃眾生之相見耳。故曰是名。此是名二字亦與屢說者不同，宜深觀之。蓋一切眾生迷倒於相見之中，所執堅固難破，故佛以金剛心智以逐破之，令見本智法身真體。初執見有五蘊身心及六塵相，故著相行施以求佛福德，世尊以無住破之。次執有菩提相，佛以無所得破之。次執佈施有莊嚴佛土相，佛以無土可嚴破之。次執福德以感報相，佛以非具足色身破之。次執如來定有三身相，佛以應化非真、報身離相破之。次執定有法身相，佛以法身非相破之。次執法身定有實我相，佛以一切法無我破之。次執如來定有三身相，佛以非一非異破之。重重逐破，一切皆非，諸相銷亡，一心無寄，理極情忘，直指法身實際。以所見之妄相既空，則能見之妄見亦泯。此真實般若究竟極則，直透法身向上一路。故佛誡之曰：發菩提心者，於一切法應如是知，如是見，如是信解，不生法相。到此始是真知真見真信真解，則永不起一切法相知見矣。斯則人法雙忘，聖凡俱泯，言語道斷，心行處滅。舉心即錯，動念即乖。故復遣之曰：所云法相，亦非法相，始是真實法相，非妄見者可比也。般若玄旨，妙極於斯。

■解：空生已悟法身全體，遂疑法身不會說法，其說法者，乃化身耳。且化身所說之法，不達法身境界。如何持此法者，得福德耶？以下化身所說，即真實法。以三身一體故。

「須菩提，若有人以滿無量阿僧祇世界七寶，持用佈施；若有善男子、善女人，發菩提心者，持於此經，乃至四句偈等，受持讀誦，為人演說，其福勝彼。云何為人演說？不取於相，如如不動。」

■解：此示化身佛說如如法也。空生疑化身佛所說之法，不到法身境界，如何得福？佛言：化身說即法身說，以三身不異故。即於此法能持四句，為人演說，其福最勝，以不取於相如如不動故，到此塵說剎說熾然說也。

■解：法身寂滅，如何寂而能說？下示正觀。以般若空寂，從假觀人，從假人空，故名真空。以假即真故。

「何以故？一切有為法，如夢幻泡影，如露亦如電，應作如是觀。」

■解：此入般若真空妙觀也。以真空冥寂，藉假而觀，若六喻觀成，則真空自現。一往俱顯理體，此則正示觀法。諸修行人當從此入，法身真境，極盡於斯。

佛說是經已，長老須菩提，及諸比丘、比丘尼，優婆塞、優婆夷，一切世間天、人、阿修羅，聞佛所說，皆大歡喜，信受奉行。

■解：此結經常規也。凡所聞歡喜，必妙契於心，契則信之真受之切，而奉行不虛矣。

高寶書版集團
gobooks.com.tw

BK 076
不焦慮的活法：金剛經修心課

作　　者　費勇
責任編輯　吳珮旻
封面設計　鄭佳容
內頁排版　賴姵均
版　　權　張莎凌

發 行 人　朱凱蕾
出　　版　英屬維京群島商高寶國際有限公司台灣分公司
　　　　　Global Group Holdings, Ltd.
地　　址　台北市內湖區洲子街 88 號 3 樓
網　　址　gobooks.com.tw
電　　話　（02）27992788
電　　郵　readers@gobooks.com.tw（讀者服務部）
傳　　真　出版部（02）27990909　行銷部（02）27993088
郵政劃撥　19394552
戶　　名　英屬維京群島商高寶國際有限公司台灣分公司
發　　行　英屬維京群島商高寶國際有限公司台灣分公司
法律顧問　永然聯合法律事務所
初版日期　2024 年 08 月

金剛經修心課：不焦慮的活法
費勇 著

國家圖書館出版品預行編目（CIP）資料

不焦慮的活法：金剛經修心課 / 費勇著 . -- 初版 . -- 臺北市：英屬維京群島商高寶國際有限公司臺灣分公司 , 2024.08
面；　公分 .--

ISBN 978-626-402-036-7(平裝)

1.CST: 金剛經　2.CST: 佛教修持　3.CST: 生活指導

225.87　　113010038

《金剛經》修心讀本

附全文白話譯文

史上流傳最廣的經典版本，

完整收錄 5,176 字原文

全本白話譯文，準確生動，通俗易懂

第一品　法會因由分

如是我聞：

一時佛在舍衛國祇樹給孤獨園，與大比丘眾千二百五十人俱。爾時世尊食時，著衣持鉢，入舍衛大城乞食。於其城中，次第乞已，還至本處，飯食訖，收衣鉢，洗足已，敷座而坐。

【白話譯文】

我曾經聽佛這樣說：

那時候，佛陀與一千兩百五十位大比丘住在一起，住的地方叫祇園精舍，是舍衛國的給孤獨長者施捨的。有一天，到了吃飯時間，佛陀就穿上袈裟，拿起飯缽，走進舍衛城去乞食。挨家挨戶地乞討一遍後，就回到住處，吃了飯，收拾好袈裟，洗乾淨飯缽，又用清水洗濯雙足，鋪好座位，安靜地坐下。

第二品　善現啟請分

時，長老須菩提在大眾中，即從座起，偏袒右肩，右膝著地，合掌恭敬而白佛言：「希有，世尊，如來善護念諸菩薩，善咐囑諸菩薩。世尊，善男子、善女人發阿耨（ㄋㄡˋ）多羅三藐三菩提心，云何應住？云何降伏其心？」

佛言：「善哉，善哉，須菩提，如汝所說，如來善護念諸菩薩，善咐囑諸菩薩。汝今諦聽，當為汝說。善男子、善女人，發阿耨（ㄋㄡˋ）多羅三藐三菩提心，應如是住，如是降伏其心。」

「唯然，世尊，願樂欲聞。」

【白話譯文】

這時，弟子裡一位叫須菩提的尊者，從自己的座位上站起來，袒露著右肩，右膝跪在地上，雙手合十，恭恭敬敬地對佛陀說：「太難得了，世尊，您老人家一向慈悲為懷，總是護持眷念著各位菩薩，又總是吩咐囑咐各位菩薩，但現在，假如有向善的男子和女子，發願追求無上的正等正覺，想要成就最高的佛道之心，請問世尊，他們如何才能保持這個發心常住不退呢？他們應當怎樣去降伏他們心中的妄念呢？」

佛陀回答：「問得真好。須菩提，就像你所說的，如來總是護持眷念著各位菩薩，又總是吩咐囑咐各位菩薩。現在，你仔細聽著，我將告訴你，向善的男子與女子，一旦發心尋求最高佛道的，應該如此守持，應該如此降伏他們的妄念。」

須菩提回答：「好的，世尊，我們喜歡聆聽您的教誨。」

第三品　大乘正宗分

佛告須菩提：「諸菩薩摩訶薩，應如是降服其心：所有一切眾生之類，若卵生，若胎生，若濕生，若化生，若有色，若無色，若有想，若無想，若非有想非無想，我皆令入無餘涅槃而滅度之。如是滅度無量無數無邊眾生，實無眾生得滅度者。何以故？須菩提，若菩薩有我相、人相、眾生相、壽者相，即非菩薩。

【白話譯文】

佛陀告訴須菩提：「各位大菩薩，應當這樣去降服迷妄的心：一切有生命的存在，卵生的，胎生的，濕生的，化生的，有形質的，沒有形質的，有心識活動的，沒有心識活動的，以及既非有心識活動又非沒有心識活動的，所有的生命，我都要讓他們達到脫離生死輪迴的涅槃境界，使他們得到徹底的度脫。像這樣度脫了無量數的眾生，但是實質上，並沒有什麼眾生得到度脫。為什麼呢？須菩提，如果菩薩的心中有了自我的相狀、他人的相狀、眾生的相狀以及生命存在的時間相狀，那麼，就不成為菩薩了。」

第四品　妙行無住分

「復次，須菩提，菩薩於法，應無所住，行於布施。所謂不住色布施，不住聲、香、味、觸、法布施。須菩提，菩薩應如是布施，不住於相。何以故？若菩薩不住相布施，其福德不可思量。須菩提，於意云何？東方虛空可思量不？」

「不也，世尊。」

「須菩提，南西北方，四維上下虛空，可思量不？」

「不也，世尊。」

「須菩提，菩薩無住相布施，福德亦復如是不可思量。須菩提，菩薩但應如所教住。」

【白話譯文】

「再者，須菩提，菩薩佈施的時候，對於一切都應該沒有執著。不執著於色而佈施，不執著於聲、香、味、觸、法而佈施。須菩提，菩薩就應該這樣不執著於相而佈施。為什麼呢？假如菩薩不執著於相而佈施，他的福德就不可思量。須菩提，你覺得如何呢？東方的虛空（空間）是可以想像和度量的嗎？」

「無法想像和度量，世尊。」

「須菩提，南方、西方、北方、東南、西南、東北、西北以及四方上下的虛空，其大小可以想像度量嗎？」

「無法想像和度量，世尊。」

「須菩提，菩薩不執著於相而佈施，福德就像這樣不可思量。須菩提，菩薩應該依照我所說，不執著於相而修行。」

第五品　如理實見分

「須菩提，於意云何？可以身相見如來不？」

「不也，世尊。不可以身相得見如來。何以故？如來所說身相，即非身相。」

佛告須菩提：「凡所有相，皆是虛妄。若見諸相非相，即見如來。」

【白話譯文】

「須菩提，你覺得是否可以根據身體相狀來認識如來呢？」

「不可以，世尊。不可以根據身體相狀來認識如來。為什麼呢？如來所說的身體相狀，並不就是真實的身體相狀。」

佛陀告訴須菩提：「一切的現象，都是虛妄不真實的。如果你能觀照到一切的現象都是虛妄的，那麼，就可以證見如來了。」

第六品　正信希有分

須菩提白佛言：「世尊，頗有眾生，得聞如是言說章句，生實信不？」

佛告須菩提：「莫作是說。如來滅後，後五百歲，有持戒修福者，於此章句，能生信心，以此為實。當知是人，不於一佛、二佛、三四五佛而種善根，已於無量千萬佛所種諸善根。聞是章句，乃至一念生淨信者，須菩提，如來悉知悉見，是諸眾生得如是無量福德。何以故？是諸眾生，無復我相、人相、眾生相、壽者相，無法相，亦無非法相。何以故？是諸眾生，若心取相，即為著我、人、眾生、壽者；若取法相，即著我、人、眾生、壽者。何以故？若取非法相，即著我、人、眾生、壽者。是故，不應取法，不應取非法。以是義故，如來常說：汝等比丘知我說法如筏喻者。法尚應舍，何況非法。」

【白話譯文】

須菩提對佛陀說：「世尊，芸芸眾生，聽到您所說的這些話，能夠產生堅定的信仰心嗎？」

佛陀告訴須菩提：「千萬不要這樣說。在我滅度之後的第五個五百年，會有持戒修福的人，對這些話產生信心，並以這些話作為真實的教法。這些人不只是在一佛、二佛、三佛、四佛、五佛處種下了善根前緣，而是在無限遙遠的前世，在千萬位佛處種下了善根。因此，一旦聽到這些經文章句，就會在一念之間產生真正的信仰。須菩提，我完全知道，也完全能夠看到，這些眾生會獲得無量的福德。為什麼呢？因為這些眾生已經不再有我、人、眾生、壽者的分別心，也放下了有與無的分別心。為什麼呢？這些眾生的心如果感知並反映存在的形相，那麼，就會執著於我、人、眾生、壽者的分別；如果對於存在的形相作出『有』的判斷，那麼，同樣會執著於我、人、眾生、壽者的分別；如果對於存在的形相作出『無』的判斷，那麼，也會執著於我、人、眾生、壽者的分別。所以，不要執著於各種形相，也不要執著於空無。因為這個道理，如來常常說：你們應該知道，我講佛法，就像用筏把你們渡過河，到了彼岸就要捨棄筏。連佛法都要捨棄，更何況那些迷妄的見解。」

第七品　無得無說分

「須菩提，於意云何？如來得阿耨（ㄋㄡˋ）多羅三藐三菩提耶？如來有所說法耶？」

須菩提言：「如我所解佛所說義，無有定法名阿耨（ㄋㄡˋ）多羅三藐三菩提，亦無有定法如來可說。何以故？如來所說法，皆不可取、不可說，非法，非非法。所以者何？一切賢聖皆以無為法而有差別。」

【白話譯文】

「須菩提，你覺得如來真的得到了無上正等正覺嗎？如來真的說了什麼法（道理）嗎？」

須菩提回答：「按我理解佛所說的，並沒有絕對的哪個法叫無上正等正覺，如來也沒有絕對地說了哪個法。為什麼呢？如來所講的佛法，都是不可執著，也不可言說的，既不是法，也不能說不是法。為什麼呢？因為一切聖賢所證悟的都是無生無滅的無為境界，只是證悟的程度有所差別而已。」

第八品　依法出生分

「須菩提，於意云何？若人滿三千大千世界七寶，以用布施，是人所得福德寧為多不？」

須菩提言：「甚多，世尊。何以故？是福德，即非福德性，是故如來說福德多。」

「若復有人於此經中，受持乃至四句偈等，為他人說，其福勝彼。何以故？須菩提，一切諸佛及諸佛阿耨(ㄋㄡˋ)多羅三藐三菩提法，皆從此經出。須菩提，所謂佛法者，即非佛法。」

【白話譯文】

「須菩提，在你看來，假若有人用無數的珍寶去佈施，所獲得的福德是不是很多？」

須菩提回答：「非常多，世尊。為什麼呢？因為這種福德，並非根本上的福德，如來只是從世俗的意義上說福德很多。」

「假如有人能夠信守奉持此經，哪怕是其中四句偈，並向他人宣說，那麼這個人的福報，就比用無數珍寶佈施獲得的還要多得多。為什麼呢？須菩提，因為所有的佛以及他們所具有的無上正等正覺的法門，都來源於這本經的大智慧。須菩提，我告訴你吧，所謂佛法，只不過一種方便的法門，從根本上說，並沒有什麼絕對的佛法。」

第九品　一相無相分

「須菩提，於意云何？須陀洹能作是念：我得須陀洹果不？」

須菩提言：「不也，世尊。何以故？須陀洹名為入流，而無所入。不入色、聲、香、味、觸、法，是名須陀洹。」

「須菩提，於意云何？斯陀含能作是念：我得斯陀含果不？」

須菩提言：「不也，世尊。何以故？斯陀含名一往來，而實無往來，是名斯陀含。」

「須菩提，於意云何？阿那含能作是念：我得阿那含果不？」

須菩提言：「不也，世尊。何以故？阿那含名為不來，而實無不來，是故名阿那含。」

「須菩提，於意云何？阿羅漢能作是念：我得阿羅漢道不？」

須菩提言：「不也，世尊。何以故？實無有法名阿羅漢。世尊，若阿羅漢作是念：我得阿羅漢道，即為著我、人、眾生、壽者。世尊，佛說我得無諍三昧，人中最為第一，是第一離欲阿羅漢。世尊，我不作是念：我是離欲阿羅漢。世尊，我若作是念：我得阿羅漢道，世尊則不說須菩提是樂阿蘭那行者。以須菩提實無所行，而名須菩提，是樂阿蘭那行。」

【白話譯文】

「須菩提，你覺得須陀洹可不可以自己以為已經證得須陀洹果位了？」

須菩提回答：「不可以，世尊。為什麼呢？須陀洹的意思是入流，也就是預入涅槃之流，但實際上，沒有什麼可以進入的。不入色、聲、香、味、觸、法這些外塵境界，才是真正的須陀洹。」

「須菩提，斯陀含可不可以自己以為已經證得斯陀含果位了？」

須菩提回答：「不可以，世尊。為什麼呢？斯陀含的意思是一往來，即達到斯陀含果位的人，還要托生天上一次，托生人間一次，才能得到最後的解脫。但實際上，並沒有什麼往來的，才是真正的斯陀含。」

「須菩提，阿那含可不可以自己以為已經證得阿那含果位了？」

須菩提回答：「不可以，世尊。阿那含的意思是不來，即達到阿那含果位的人已經斷絕欲望，不再托生欲界。但實際上，並沒有什麼不來，才是真正的阿那含。」

「須菩提，阿羅漢可不可以自己以為已經證得阿羅漢果位了？」

須菩提回答：「不可以，世尊。為什麼呢？阿羅漢的意思是不生，心中不再有任何法相的執著和分別了。如果阿羅漢產生『我已經達到阿羅漢果位』這樣的念頭，那麼，就是陷於我、人、眾生、壽者這四種法相。世尊，佛說我已經達到了因著空性的理解而無欲無念、不起爭辯的境界，是修行最高的人，是徹底斷絕了欲念的阿羅漢。但是，世尊，我自己不會認為自己已經達到阿羅漢的境界，如果我這樣認為的話，世尊就不會說我是樂於寂靜、無諍的阿蘭那行者了。因為須菩提已徹底捨棄分別執著之心，也不執著於自己的一切功行德相，所以才稱須菩提是樂於阿蘭那（寂靜處）的修行者。」

第十品　莊嚴淨土分

佛告須菩提：「於意云何？如來昔在然燈佛所，於法有所得不？」

「不也，世尊。如來在然燈佛所，於法實無所得。」

「須菩提，於意云何？菩薩莊嚴佛土不？」

「不也，世尊。何以故？莊嚴佛土者，即非莊嚴，是名莊嚴。」

「是故，須菩提，諸菩薩摩訶薩，應如是生清淨心，不應住色生心，不應住聲、香、味、觸、法生心，應無所住而生其心。須菩提，譬如有人，身如須彌山王，於意云何？是身為大不？」

須菩提言：「甚大，世尊。何以故？佛說非身，是名大身。」

【白話譯文】

佛問須菩提：「你說從前如來在燃燈佛那裡，有沒有得到佛法呢？」

「沒有，世尊。如來在燃燈佛那裡，在佛法上沒有得到什麼。」

「那麼，須菩提你說，菩薩有沒有使得這個世界更為莊嚴？」

「沒有，世尊。為什麼呢？因為菩薩領會的只是世界本來的樣子，並沒有新奇之處，他教導人去領會的，也是世界本來的樣子；他並沒有給世界新的東西，也沒有給人新的東西。所以，哪裡給世界增添了莊嚴呢？雖然如此，看到世界本來的樣子還是最難得的事，教導眾人看到世界本來的樣子，還是最難得的事，是使世界整個活潑地展現出來，是解放了人心，是解放了世界，因此，又可以說他莊嚴了這個世界。」

「因此，須菩提，諸位菩薩應該這樣產生清淨的心：不應當執著於色上產生心念，也不應當執著於聲、香、味、觸、法這些外塵產生心念，應當對於存在的一切都不滯留不執著而心念流淌。須菩提，比如有個人，身體像須彌山那樣高大，你說這樣的身體是不是很高大？」

須菩提回答：「世尊，是非常的高大。為什麼呢？佛所說的非身，也就是離開了身體的假相，證悟得不生不死、不增不減的法身，姑且叫做大身。」

第十一品　無為福勝分

「須菩提，如恆河中所有沙數，如是沙等恆河，於意云何？是諸恆河沙寧為多不？」

須菩提言：「甚多，世尊，但諸恆河尚多無數，何況其沙。」

「須菩提，我今實言告汝，若有善男子、善女人，以七寶滿爾所恆河沙數三千大千世界，以用布施，得福多不？」

須菩提言：「甚多，世尊。」

佛告須菩提：「若善男子、善女人，於此經中，乃至受持四句偈等，為他人說，而此福德勝前福德。」

【白話譯文】

「須菩提，像恆河中所有沙子那麼多數目的恆河，在你看來，所有這些恆河裡的沙子，是不是很多？」

須菩提回答：「很多很多，世尊。那麼多的恆河已經多得不可勝數，更何況那麼多恆河裡的沙子。」

「須菩提，我再問你，假如有善男子和善女人，用了恆河沙子那麼多的三千大世界的金銀珠寶去佈施，所得的福報功德是不是很大？」

須菩提回答：「很大很大，世尊。」

佛對須菩提說：「如果有善男子和善女人，能夠從這部經裡面，哪怕只是信守其中的四句偈，並且向別人宣說，那麼，他的功德就大大超過前面佈施珍寶的人了。」

第十二品　尊重正教分

「復次，須菩提，隨說是經，乃至四句偈等，當知此處，一切世間天、人、阿修羅，皆應供養，如佛塔廟，何況有人盡能受持、讀誦。須菩提，當知是人，成就最上第一希有之法。若是經典所在之處，即為有佛，若尊重弟子。」

【白話譯文】

「再者，須菩提，凡是解說這部經的地方，即使只解說了四句偈，那麼，這個地方是世間一切善道眾生，包括天、人、阿修羅等都應該尊敬、供養的地方，把它看做佛的塔廟一般。更何況有人把這部經全部領會誦讀，須菩提，應當知道，這樣的人，成就了世界上最高的、第一等的、稀有的事。凡是這部經典所在的地方，就是有佛在，應該像尊重佛或佛的親身弟子那樣尊重這個地方。」

第十三品　如法受持分

爾時，須菩提白佛言：「世尊，當何名此經？我等云何奉持？」

佛告須菩提：「是經名為《金剛般若波羅蜜》，以是名字，汝當奉持。所以者何？須菩提，佛說般若波羅蜜，即非般若波羅蜜，是名般若波羅蜜。須菩提，於意云何，如來有所說法不？」

須菩提白佛言：「世尊，如來無所說。」

「須菩提，於意云何？三千大千世界所有微塵，是為多不？」

須菩提言：「甚多，世尊。」

「須菩提，諸微塵，如來說非微塵，是名微塵。如來說世界非世界，是名世界。須菩提，於意云何？可以三十二相見如來不？」

「不也，世尊。不可以三十二相得見如來。何以故？如來說三十二相即是非相，是名三十二相。」

「須菩提，若有善男子、善女人，以恆河沙等身命布施，若復有人，於此經中乃至受持四句偈等，為他人說，其福甚多。」

【白話譯文】

這時，須菩提問佛陀：「世尊，應當用什麼名字來稱呼這部經呢？我們應該如何信守奉持這部經呢？」

佛陀回答：「這部經叫作《金剛般若波羅蜜》，你們用這個名字信奉就可以了。為什麼呢？須菩提，佛說到彼岸的智慧，其實，法無定法，並非到彼岸的智慧，因此名為到彼岸的智慧。」

「須菩提，你覺得如來真的說了什麼法嗎？」

須菩提回答：「世尊，如來實際上什麼也沒有說。」

「須菩提，三千大千世界的所有微塵，是不是很多？」

須菩提回答：「很多很多，世尊。」

「須菩提，所有的微塵，如來說並非微塵，才名叫微塵。如來說世界即非世界，所以稱為世界。須菩提，你覺得可以依據三十二種身體特徵來認識如來嗎？」

「不可以，世尊。不可以依據三十二種身體特徵來認識如來。為什麼呢？三十二種身體特徵並非如來的真實本質，只是方便稱呼而已，所以稱為三十二相。」

佛陀說：「須菩提，如果有善男子和善女人，以恆河中沙子那麼多的身體和性命來作佈施，又有人能夠信守奉持此經，甚至只是信守奉持其中的一個四句偈，並且廣為他人宣說，那麼他的福德遠遠超過以身命佈施的福德。」

第十四品　離相寂滅分

爾時，須菩提聞說是經，深解義趣，涕淚悲泣而白佛言：「希有，世尊！佛說如是甚深經典。我從昔來，所得慧眼，未曾得聞如是之經。世尊，若復有人得聞是經，信心清淨，即生實相，當知是人，成就第一希有功德。世尊，是實相者，即是非相，是故如來說名實相。世尊，我今得聞如是經典，信解受持，不足為難。若當來世後五百歲，其有眾生得聞是經，信解受持，是人即為第一希有。何以故？此人無我相，無人相，無眾生相，無壽者相。所以者何？我相即是非相，人相、眾生相、壽者相即是非相。何以故？離一切諸相，即名諸佛。」

佛告須菩提：「如是，如是。若復有人得聞是經，不驚，不怖，不畏，當知是人甚為希有。何以故？須菩提，如來說第一波羅蜜，即非第一波羅蜜，是名第一波羅蜜。

「須菩提，忍辱波羅蜜，如來說非忍辱波羅蜜，是名忍辱波羅蜜。何以故？須菩提，如我昔為歌利王割截身體，我於爾時，無我相，無人相，無眾生相，無壽者相。何以故？我於往昔節節支解時，若有我相、人相、眾生相、壽者相，應生嗔恨。

「須菩提，又念過去於五百世作忍辱仙人，於爾所世，無我相，無人相，無眾生相，無壽者相。是故，須菩提，菩薩應離一切相，發阿耨（ㄋㄡˋ）多羅三藐三菩提心。不應住色生心，不應住聲、香、味、觸、法生心，應生無所住心。若心有住，即為非住。是故，佛說菩薩心不應住色布施。須菩提，菩薩為利益一切眾生故，應如是布施。如來說一切諸相即是非相，又說一切眾生即非眾生。

「須菩提，如來是真語者、實語者、如語者、不誑語者、不異語者。須菩提，如來所得法，此法無實無虛。須菩提，若菩薩心住於法而行布施，如人入暗，即無所見；若菩薩心不住法而行布施，如人有目，日光明照，見種種色。

「須菩提，當來之世，若有善男子、善女人能於此經受持讀誦，即為如來，以佛智慧，悉知是人，悉見是人，皆得成就無量無邊功德。」

【白話譯文】

那時，須菩提聽了佛陀解說這部經典，深深地領會了它的意旨，喜極而泣，恭敬地對佛陀說：「真是奇妙啊，世尊。您把最深的道理說得如此明白。我從過去以來，修行成了洞察一切現象皆空的能力，卻沒有悟到這部經所講的道理。世尊，假如有人聽到這部經，能夠深深領會，脫離了觀念與形相的羈絆，因而看到事物的本來面目，那麼，這個人已經成就了第一稀有的功德。世尊，所謂實相，其實是一種假相，只是名之為實相。世尊，我今天聽到這樣的經典，信奉、理解、領受、持行，並不困難。假如到了佛滅後的末法時代，也就是佛滅後第五個五百年的時候，有人有緣聽到這部經，能夠信奉、理解、領受、持行，那麼，這個人實在是難得。為什麼呢？因為這個人已經達到了無我相、無人相、無眾生相、無壽者相的境界。為什麼呢？因為這個人證悟了我、人、眾生、壽者四種相並沒有自足的自性，是因緣和合而成，是幻相，也就是非相。總之，如果能夠洞察一切形相的真如實相，不再執著於任何形相，那麼，就是佛的境界了。」

佛聽罷後說：「是這樣的，是這樣的。假如有人有緣聽到這部經以後，不再驚疑，不再恐懼，不再害怕，那麼，他一定是一位難得的人。為什麼呢？因為這個人明白，如來宣說的最徹底的解脫智慧，實際上並不應該執著於它，只有不執著於它，才是最高的解脫智慧。

「須菩提，用忍辱的方法達到解脫也是如此，如果執著於方法本身，以辱為難忍而強迫自己忍受，那麼，不可能獲得解脫；只有當一個人不再覺得辱是辱，而讓它在自己心中消失於無形，這才叫以忍辱的方法達到了解脫。為什麼呢？須菩提，就好比我在過去世被歌利王割肉餵鷹，我在當時完全沒有去想什麼是我，什麼是別人，什麼是生命，什麼是壽命。為什麼呢？如果那時我在被節節肢解的時候，心中有什麼是我，什麼是人，什麼是眾生，什麼是壽者的念頭，就會產生怨恨；一旦產生怨恨，就無法得到解脫。

「須菩提，不要以為我只是在歌利王時代才實行忍辱，其實，在過去的五百世中，我已經作忍辱仙人，已經沒有了我相、人相、眾生相、壽者相的分別執著了。所以，須菩提，菩薩應該去除一切分別的看法，產生追求至高無上覺悟的心願。菩薩的心是活潑的，不滯留在任何有限界分別的概念和形相上，不滯留在任何有形有色的物質事物上，不滯留在任何聲音、氣息、味道和道理上。菩薩應當產生一種對一切都不執著的心。有了不執著一切的心，就可以在任何時間住在任何地方，住著，其實也可以說，並沒有住著。我說菩薩的心不應該滯留在任何事物上，並以這不執著的心向人行善，就是這個意思。須菩提，為了成就一切眾生的利益，菩薩應該這樣佈施。我說的是，一切的形相或現象，只是為了說明的方便而假設的名稱，並不是真的實有這種形相或現象；同樣，眾生也只是個假名，其實並無孤立自足的自性。

「須菩提，我講的解脫的智慧，是真而不妄、實而不虛的，它不是自欺欺人，也不是奇談怪論。須菩提，我所領悟的道理，既不是真實的，也不是虛假的。須菩提，假如菩薩的心執著於法相而佈施，就好像一個人走入了黑暗的地方，什麼都看不到。假如菩薩的心不執著於法相而佈施，就好像一個人有明亮的眼睛，在陽光下能夠照見到各種形色。

「須菩提，將來的世代，假如有善男子、善女人能夠信守、奉持、理解、讀誦這部經，我憑著廣大無邊的智慧可以判定，這樣的人能夠修成佛國，成就無量無邊的功德。」

第十五品　持經功德分

「須菩提，若有善男子、善女人，初日分以恆河沙等身布施，中日分復以恆河沙等身布施，後日分亦以恆河沙等身布施。如是無量百千萬億劫，以身布施。若復有人，聞此經典，信心不逆，其福勝彼，何況書寫、受持、讀誦、為人解說。

「須菩提，以要言之，是經有不可思議、不可稱量無邊功德。如來為發大乘者說，為發最上乘者說。若有人能受持、讀誦、廣為人說，如來悉知是人，悉見是人，皆得成就不可量、不可稱、無有邊、不可思議功德。如是人等，即為荷擔如來阿耨多羅三藐三菩提。

「何以故？須菩提，若樂小法者，著我見、人見、眾生見、壽者見，即於此經，不能聽受讀誦，為人解說。

「須菩提，在在處處，若有此經，一切世間天、人、阿修羅所應供養。當知此處，即為是塔，皆應恭敬，作禮圍繞，以諸華香，而散其處。」

【白話譯文】

「須菩提，如果有善男子、善女子，為了求取福德，早晨把恆河沙一樣多的自身性命來佈施，中午又把恆河沙一樣多的自身性命來佈施，下午再把恆河沙一樣多的自身性命來佈施，這樣用百千萬億劫（量詞）的性命來佈施。假如另有一個人，聽到這部經典，便產生了貫通的領會，深信不疑，他的福德就比前面那個人還多，更何況抄寫、接受、讀誦、為別人加以解說。

「須菩提，關鍵在於，這部經有不可思議、不可稱量的功德。如來是為那些發菩提心的人說的，為那些追求最終解脫的人說的。如果有人能夠領會接受、讀誦，以教育的熱忱向大家解說，如來都清楚地看見並瞭解這個人，他會得到不可稱量、無邊無際、不可思議的功德。像這樣的人，就能像如來一樣具有無上正等正覺，就能擔負弘揚佛法的重任。反之，如果一個人樂於外道小法，就不免執著於我、人、眾生、壽者實際存在的見解，那麼，他就不能信守奉持、讀誦此經，並向他人宣說了。

「須菩提，無論何時何地，只要有這部經典存在，所有的天、人、阿修羅等一切眾生都自然應該供養這部經典。因為有經存在就等於有佛同在，有經之處相當於佛身之塔，所以大家都應對它尊重恭敬圍繞示禮，並以花香什物供養。」

第十六品　能淨業障分

「復次，須菩提，若善男子、善女人受持讀誦此經，若為人輕賤，是人先世罪業應墮惡道，以今世人輕賤故，先世罪業即為消滅，當得阿耨多羅三藐三菩提。

「須菩提，我念過去無量阿僧祇劫，於然燈佛前，得值八百四千萬億那由他諸佛，悉皆供養承事，無空過者。若復有人於後末世，能受持讀誦此經，所得功德，於我所供養諸佛功德，百分不及一，千萬億分乃至算數、譬喻所不能及。

「須菩提，若善男子、善女人於後末世，有受持讀誦此經，所得功德，我若具說者，或有人聞，心即狂亂，狐疑不信。須菩提，當知是經義不可思議，果報亦不可思議。」

【白話譯文】

「還有，須菩提，假如有善男子和善女人信守奉持並且讀誦這部經典，但還是遭到別人的輕賤，那麼，說明這個善男子或善女子在過去罪業深重，本來應該墮入地獄、餓鬼、畜生三惡道，因為奉信這部經典，過去的罪業得到消除，只是被人輕賤，從此也能證得無上正等正覺。

「須菩提，回想無數無數劫以前，我在燃燈佛前，遇到了無數無數的佛，我都一一供養，沒有錯過任何一個。假如有人在未來，能夠信奉受持這部經典，那他得到的功德，和我供養無數無數佛的功德相比，我的功德還不及他的百分之一、千分之一、萬分之一、千萬分之一，乃至無法以任何數目、比喻來說明。

「須菩提，假如有善男子、善女人在久遠的未來，能夠受持讀誦這部經典，他所獲得的功德，我一旦一一細說，或許有人聽到，就會心裡狂亂，狐疑不信。須菩提，你應當明白，這部經的義理不可思議，受持讀誦這部經的果報也不可思議。」

第十七品　究竟無我分

爾時，須菩提白佛言：「世尊，善男子、善女人，發阿耨(ㄋㄡˋ)多羅三藐三菩提心，云何應住？云何降伏其心？」

佛告須菩提：「善男子、善女人發阿耨(ㄋㄡˋ)多羅三藐三菩提心者，當生如是心：我應滅度一切眾生，滅度一切眾生已，而無有一眾生實滅度者。何以故？須菩提，若菩薩有我相、人相、眾生相、壽者相，即非菩薩。所以者何？須菩提，實無有法，發阿耨(ㄋㄡˋ)多羅三藐三菩提心者。須菩提，於意云何？如來於然燈佛所，有法得阿耨(ㄋㄡˋ)多羅三藐三菩提不？」

「不也，世尊。如我解佛所說義，佛於然燈佛所，無有法得阿耨多羅三藐三菩提。」

佛言：「如是，如是。須菩提，實無有法，如來得阿耨多羅三藐三菩提。須菩提，若有法，如來得阿耨多羅三藐三菩提者，然燈佛即不與我授記：『汝於來世當得作佛，號釋迦牟尼。』以實無有法得阿耨多羅三藐三菩提，是故然燈佛與我授記，作是言：『汝於來世當得作佛，號釋迦牟尼。』何以故？如來者，即諸法如義。若有人言：如來得阿耨多羅三藐三菩提，須菩提，實無有法，佛得阿耨多羅三藐三菩提。須菩提，如來所得阿耨多羅三藐三菩提，於是中無實無虛。是故如來說一切法皆是佛法。須菩提，所言一切法者，即非一切法，是故名一切法。須菩提，譬如人身長大。」

須菩提言：「世尊，如來說人身長大，即為非大身，是名大身。」

「須菩提，菩薩亦如是。若作是言，我當滅度無量眾生，即不名菩薩。何以故？須菩提，實無有法名為菩薩。是故，佛說一切法無我，無人，無眾生，無壽者。須菩提，若菩薩作是言，我當莊嚴佛土，是不名菩薩。何以故？如來說莊嚴佛土者，即非莊嚴，是名莊嚴。須菩提，若菩薩通達無我法者，如來說名真是菩薩。」

【白話譯文】

這時，須菩提對佛說：「世尊，善男子和善女人，發願達到無上正等正覺，成就最終的解脫，應該如何保持這種菩提心常住不退？如果生起妄念，又如何去降伏呢？」

佛告訴須菩提：「善男子、善女人發願成就最高的解脫，應當這樣起念：我立志救度一切眾生，使他們離苦得樂。一旦度化了一切眾生，心中又毫無使一切眾生得以救度的念頭。為什麼呢？須菩提，假如菩薩執著於自我的相狀，執著於人的相狀，執著於眾生的相狀，執著於壽者的相狀，那麼，就不是菩薩。為什麼呢？須菩提，從根本上說，其實並沒有什麼方法，可以使你去追求徹底的解脫。須菩提，我再問你，當年我在燃燈佛那裡開悟時，真的得到了一個叫『阿耨（ㄋㄡˋ）多羅三藐三菩提』的佛法嗎？

須菩提說：「不，世尊，按照我理解佛所說的意思，佛在燃燈佛那裡，並沒有得到一個無上正等正覺的東西。」

佛說：「是的，是的。須菩提，並沒有一種固定的方法，可以讓我得到徹底的覺悟。如果我是依賴某種方法覺悟的話，燃燈佛就不會給我授記：『你在將來之世會成佛，號釋迦牟尼。』因為實在不是憑藉什麼固定的方法得到覺悟，所以，燃燈佛才為我授記，並說：『你會在將來之世成佛，號釋迦牟尼。』為什麼呢？所謂如來，就是真如，就是萬法都是真如的意思。假如有人說：如來佛在燃燈佛那裡得到無上正等正覺的最高佛法。須菩提，你應當明白，如來本身無形無相，因此佛開悟時，並沒有得到一個無上正等正覺的佛法。」

「須菩提，如來所得到的無上正等正覺，根本上是非有非無、即有即無的，所以佛說一切世間法，都是佛法。須菩提，所謂一切法，就是非一切法，所以才叫一切法。須菩提，這就好比說人的身形高大……」

須菩提接著說：「世尊，如來說人的身形高大，就不是真正的身形高大，所以才叫作身形高大。」

佛說：「須菩提，菩薩也是這樣啊。如果有菩薩說：我應當滅除眾生的一切煩惱，救度一切眾生，那他就不是菩薩了。為什麼呢？徹底擺脫了對一切法的執著，才是真正的菩薩。因此佛說一切法沒有我、人、眾生、壽者的分別相狀。

「須菩提，如果有菩薩聲稱自己要用種種功德去莊嚴佛土，那麼，他就不能算作菩薩。為什麼呢？如來說的莊嚴佛土，其實真正的莊嚴是了不可得的，沒有一物可得，心念清淨，不起分別，這才叫做莊嚴。

須菩提，若菩薩能夠明白無我的道理，如來就說他是真正達到菩薩的境界了。」

第十八品　一體同觀分

「須菩提，於意云何？如來有肉眼不？」
「如是，世尊，如來有肉眼。」
「須菩提，於意云何？如來有天眼不？」
「如是，世尊，如來有天眼。」
「須菩提，於意云何？如來有慧眼不？」
「如是，世尊，如來有慧眼。」
「須菩提，於意云何？如來有法眼不？」
「如是，世尊，如來有法眼。」

「須菩提，於意云何？如來有佛眼不？」
「如是，世尊，如來有佛眼。」
「須菩提，於意云何？如恆河中所有沙，佛說是沙不？」
「如是，世尊，如來說是沙。」
「須菩提，於意云何？如一恆河中所有沙，有如是沙等恆河，是諸恆河所有沙數佛世界，如是寧為多不？」
「甚多，世尊。」
佛告須菩提：「爾所國土中，所有眾生若干種心，如來悉知。何以故？如來說諸心，皆為非心，是名為心。所以者何？須菩提，過去心不可得，現在心不可得，未來心不可得。」

【白話譯文】

「須菩提，你認為如來的眼睛能夠見到一般的色相嗎？」

「是的，世尊，如來的眼睛可以見到。」

「須菩提，你認為如來的眼睛能見到很遠很廣很細微的事物嗎？」

「是的，世尊，如來可以見到。」

「須菩提，你認為如來的眼睛可以見到萬法的空相嗎？」

「是的，如來可以見到。」

「須菩提，你認為如來的眼睛可以見到一切的法門嗎？」

「是的，可以見到。」

「須菩提，你認為如來的眼睛可以見到一切的一切嗎？」

「是的，可以見到。」

佛又問：「須菩提，你認為如何？像恆河中所有的沙粒，佛所說的沙是沙嗎？」

須菩提答：「是的，世尊，如來說，是沙。」

佛繼續問：「須菩提，你認為如何？譬如一條恆河中所有的沙粒，每一粒沙又是一條恆河，這麼多恆河的所有沙都是佛土，它的數目是不是很多呢？」

須菩提回答：「很多，世尊。」

佛告訴須菩提：「你所處的這麼多國土中的所有眾生，所有種種不同的心念如來全都知曉。為什麼呢？如來說的種種心，都並非是真正的心，只是假名稱為心。為什麼這樣說呢？須菩提，過去的心是不可得到的，現在的心也是，未來的心也是一樣。」

第十九品　法界通化分

「須菩提，於意云何？若有人滿三千大千世界七寶以用布施，是人以是因緣得福多不？」

「如是，世尊。此人以是因緣得福甚多。」

「須菩提，若福德有實，如來不說得福德多。以福德無故，如來說得福德多。」

【白話譯文】

「須菩提，如果有人用了數不清的寶貝去佈施，是不是會因此而得到很多的福報？」

「是這樣的，世尊。這個人因為此因緣而得到很多福報。」

「須菩提，假如所謂的福報是個實實在在的東西，如來就不會說福報很多。因為福報本空，如來才說得到的福報很多。」

第二十品　離色離相分

「須菩提，於意云何？佛可以具足色身見不？」

「不也，世尊。如來不應以具足色身見。何以故？如來說具足色身，即非具足色身，是名具足色身。」

「須菩提，於意云何？如來可以具足諸相見不？」

「不也，世尊。如來不應以具足諸相見。何以故？如來說諸相具足，即非具足，是名諸相具足。」

【白話譯文】

「須菩提，你覺得我們能夠通過圓滿的色身去瞭解佛嗎？」

「不能夠，世尊。我們無法通過圓滿的色身去認識如來。為什麼呢？如來說圓滿色身，並非是圓滿色身，只是名叫圓滿色身而已。」

「須菩提，你覺得能夠通過各種圓滿無缺的莊嚴之相去認識如來嗎？」

「不能夠，世尊。如來不能以種鐘的莊嚴之相得見。為什麼呢？因為如來所說的種種莊嚴之相，並非實有莊嚴可得，只是叫作莊嚴之相而已。」

第二十二品　無法可得分

須菩提白佛言：「世尊，佛得阿耨(ㄋㄡˋ)多羅三藐三菩提，為無所得耶？」

佛言：「如是如是。須菩提，我於阿耨(ㄋㄡˋ)多羅三藐三菩提，乃至無有少法可得，是名阿耨(ㄋㄡˋ)多羅三藐三菩提。」

【白話譯文】

須菩提對佛說：「世尊，難道佛具有的無上正等正覺的智慧，也是無所得嗎？」

佛陀回答：「是的，是的。須菩提，我對於無上正等正覺的最高佛法一無所得，心裡一點也沒有得法的念頭，只是叫作無上正等正覺罷了。」

第二十三品　淨心行善分

「復次，須菩提，是法平等，無有高下，是名阿耨（ㄋㄡˋ）多羅三藐三菩提。以無我、無人、無眾生、無壽者修一切善法，即得阿耨（ㄋㄡˋ）多羅三藐三菩提。須菩提，所言善法者，如來說即非善法，是名善法。」

【白話譯文】

「再者，須菩提，這個名為無上正等正覺的法，一切平等，沒有什麼高下之分，所以才叫作無上正等正覺。擺脫了我、人、眾生、壽者的區分，來修習一切的善法，就可以證得無上正等正覺。須菩提，所謂善法，如來說並非善法，只是叫做善法罷了。」

第二十四品　福智無比分

「須菩提，若三千大千世界中，所有諸須彌山王，如是等七寶聚，有人持用布施；若人以此《般若波羅蜜經》，乃至四句偈等，受持讀誦、為他人說，於前福德，百分不及一，百千萬億分，乃至算數、譬喻所不能及。」

【白話譯文】

「須菩提，如果有人用三千大千世界中所有須彌山堆積而成的七寶，來進行佈施；而另外有人拿著這本《般若波羅蜜經》，哪怕只是其中的四句偈，受持讀誦，並且向他人宣講；那麼，前面那個人佈施所得的功德，還不及後一個人的百分之一，百千萬億分之一，直到用算數比喻都不能比擬的程度。」

第二十五品　化無所化分

「須菩提，於意云何？汝等勿謂如來作是念：我當度眾生。須菩提，莫作是念！何以故？實無有眾生如來度者，若有眾生如來度者，如來即有我、人、眾生、壽者。」

「須菩提，如來說有我者，即非有我，而凡夫之人以為有我。須菩提，凡夫者，如來說即非凡夫，是名凡夫。」

【白話譯文】

「須菩提，你覺得如何？大家不要以為如來會有這樣的念頭：我應當去度脫眾生。須菩提，不要有這樣的想法。為什麼？因為實在是沒有如來可度的眾生，假如有如來可度的眾生，如來就有了我、人、眾生、壽者的分別。」

「須菩提，如來說有我，實質上並沒有我，但一般的凡夫以為有我。須菩提，所謂凡夫，如來說並非是凡夫，只不過名為凡夫而已。」

第二十六品　法身非相分

「須菩提，於意云何？可以三十二相觀如來不？」

須菩提言：「如是如是，以三十二相觀如來。」

佛言：「須菩提，若以三十二相觀如來者，轉輪聖王即是如來。」

須菩提白佛言：「世尊，如我解佛所說義，不應以三十二相觀如來。」

爾時，世尊而說偈言：

若以色見我，

以音聲求我，
是人行邪道，
不能見如來。

【白話譯文】

「須菩提，你覺得可不可以憑藉三十二種相去認識如來？」

須菩提回答：「是的，是的，可以憑藉三十二種相認識如來。」

佛陀說：「須菩提，假如憑藉三十二相就可以認識如來，那麼，轉輪聖王（以正法治世的大君王）就是如來了。」

須菩提對佛陀說：「世尊，按我理解的佛所說的道理，不應該憑藉三十二相來認識如來。」

這時，世尊說了一首偈：

若以色見我，

以音聲求我，

是人行邪道，

不能見（現）如來。

第二十七品　無斷無滅分

「須菩提，汝若作是念：如來不以具足相故，得阿耨多羅三藐三菩提。須菩提，莫作是念：如來不以具足相故，得阿耨多羅三藐三菩提。須菩提，汝若作是念：發阿耨多羅三藐三菩提心者，說諸法斷滅。莫作是念！何以故？發阿耨多羅三藐三菩提心者，於法不說斷滅相。」

【白話譯文】

「須菩提，假如你有這樣的想法：如來不因具足一切諸相的緣故，而證得無上正等正覺。須菩提，不要這樣想：如來不因為具足一切諸相，而證得無上正等正覺。須菩提，你更不應該有這樣的想法：發無上正等正覺心的人，是在說一切法斷滅。千萬不能這樣想，為什麼呢？因為發無上正等正覺的人，對於一切的法不會以斷滅相去判斷。」

第二十八品　不受不貪分

「須菩提，若菩薩以滿恆河沙等世界七寶持用布施；若復有人知一切法無我，得成於忍，此菩薩勝前菩薩所得功德。何以故？須菩提，以諸菩薩不受福德故。」

須菩提白佛言：「世尊，云何菩薩不受福德？」

「須菩提，菩薩所作福德，不應貪著，是故說不受福德。」

【白話譯文】

「須菩提，如果有菩薩用充滿恆河沙數一樣多的世界七寶佈施，而另外有人，明白一切法沒有自性，達到無生無滅的大乘境界，那麼，此人的功德遠遠超過了前者。為什麼呢？須菩提，真正的菩薩是不接受有為福報的。」

須菩提問佛陀：「世尊，為什麼說菩薩不接受有為福報？」

「須菩提，菩薩對於所作的福德，沒有任何執著貪求，所以說菩薩不受福德。」

第二十九品　威儀寂靜分

「須菩提，若有人言：『如來若來若去，若坐若臥。』是人不解我所說義。何以故？如來者，無所從來，亦無所去，故名如來。」

【白話譯文】

「須菩提，假如有人說：『如來或來或去，或坐或臥。』那麼，這個人並不明白我所說的義理。為什麼？所謂如來，無所來，也無所去，所以叫做如來。」

第三十品　一合理相分

「須菩提，若善男子善女人，以三千大千世界碎為微塵，於意云何？是微塵眾寧為多不？」

須菩提言：「甚多，世尊。何以故？若是微塵眾實有者，佛即不說是微塵眾。所以者何？佛說微塵眾，即非微塵眾，是名微塵眾。世尊，如來所說三千大千世界，即非世界，是名世界。何以故？若世界實有者，即是一合相，如來說一合相，即非一合相，是名一合相。」

「須菩提，一合相者，即是不可說。但凡夫之人，貪著其事。」

【白話譯文】

「須菩提，如果有善男子善女人，把三千大千世界碾碎成微塵，你說這些微塵是不是很多？」

須菩提說：「很多，世尊。為什麼呢？如果微塵很多是實有的話，佛就不會說微塵很多。為什麼呢？佛說微塵很多，其實並非微塵很多，只是名為微塵很多。世尊，如來所說的三千大千世界，也是虛幻不實的，只是假名為三千大千世界而已。為什麼呢？如果我們把這個世界看成是實有的，那麼，它不過是很多微塵積聚而成的一個所謂整體，這個整體本身並沒有獨立的自性，因此並非一個實在的整體，只不過名為一個整體而已。」

「須菩提，這個積聚而成的整體，實際上是無法言說的。但一般的凡夫，不明白這個道理，所以才會對這樣一個虛幻的整體執著。」

第三十一品　知見不生分

「須菩提，若人言：『佛說我見、人見、眾生見、壽者見。』須菩提，於意云何？是人解我所說義不？」

「不也，世尊，是人不解如來所說義。何以故？世尊說我見、人見、眾生見、壽者見，即非我見、人見、眾生見、壽者見，是名我見、人見、眾生見、壽者見。」

「須菩提，發阿耨(ㄋㄡˋ)多羅三藐三菩提心者，於一切法，應如是知、如是見、如是信解，不生法相。須菩提，所言法相者，如來說即非法相，是名法相。」

【白話譯文】

「須菩提，如果有人說佛在說我見、人見、眾生見、壽者見，須菩提，你覺得怎樣呢？這個人理解我所說的道理嗎？」

「沒有，世尊，這個人沒有理解如來所講的道理。為什麼呢？世尊說我見、人見、眾生見、壽者見，並非是我見、人見、眾生見、壽者見，只是名為我見、人見、眾生見、壽者見。」

「須菩提，發無上正等正覺心的人，對於一切的法，應該這樣了知，這樣觀察，這樣信解，不起分別心。須菩提，所說的法相，其實都是虛幻不實的，只是名為法相。」

第三十二品　應化非真分

「須菩提，若有人以滿無量阿僧祇世界七寶持用布施；若有善男子善女人發菩提心者，持於此經，乃至四句偈等，受持讀誦、為人演說，其福勝彼。」

「云何為人演說？不取於相，如如不動。何以故？一切有為法，如夢幻泡影，如露亦如電，應作如是觀。」佛說是經已，長老須菩提及諸比丘、比丘尼、優婆塞、優婆夷，一切世間天、人、阿修羅，聞佛所說，皆大歡喜，信受奉行。

【白話譯文】

「須菩提，如果有人用充滿不可勝數的世界的七寶來佈施，而另有善男子善女人發心尋求徹底的解脫，受持、讀誦、並且為別人解說這部經書，哪怕只是其中四句偈，所獲得的福德遠遠勝過前面那個人。那麼，應當如何為別人解說呢？應當不執著一切的法，如如不動。為什麼呢？一切有為法，如夢幻泡影，如露亦如電，應作如是觀。」佛圓滿地宣講了這部經，須菩提以及在場的眾多比丘（和尚）、比丘尼（尼姑）、優婆塞（在家修行的男子）、優婆夷（在家修行的女子），一切世間的天、人、阿修羅，聽了佛的說法，皆大歡喜，切實奉行。

高寶書版集團
gobooks.com.tw

BK 076
金剛經修心讀本

作　　者　費勇
責任編輯　吳珮旻
封面設計　鄭佳容
內頁排版　賴姵均
版　　權　張莎凌

發 行 人　朱凱蕾
出　　版　英屬維京群島商高寶國際有限公司台灣分公司
　　　　　Global Group Holdings, Ltd.
地　　址　台北市內湖區洲子街 88 號 3 樓
網　　址　gobooks.com.tw
電　　話　（02）27992788
電　　郵　readers@gobooks.com.tw（讀者服務部）
傳　　真　出版部（02）27990909　行銷部（02）27993088
郵政劃撥　19394552
戶　　名　英屬維京群島商高寶國際有限公司台灣分公司
發　　行　英屬維京群島商高寶國際有限公司台灣分公司
法律顧問　永然聯合法律事務所
初版日期　2024 年 08 月

金剛經修心課：不焦慮的活法
費勇 著